VOCÊ PENSA QUE ÁGUA É H₂O?

((((COLEÇÃO ECOAR))))

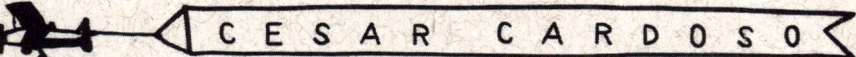

CESAR CARDOSO

Ilustrações
Lorena Kaz

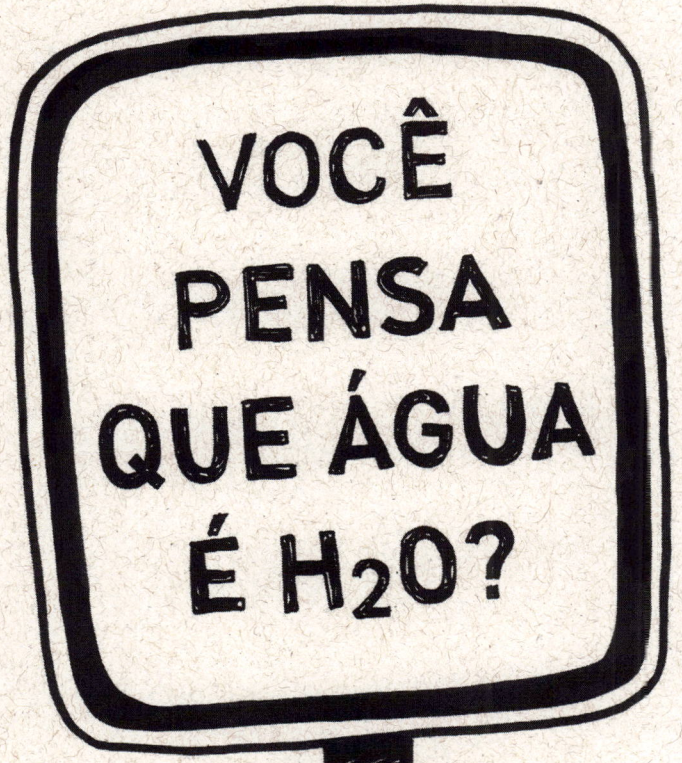

VOCÊ PENSA QUE ÁGUA É H_2O?

Garamond

Para os sobrinhos Theo, Giovana e Rafael, e para Nilson, Juliana e seu Alfredo, porteiro da Escola EDEM (em memória), que batizaram personagens dessa história.

Para Horácio e Rose. Este livro começou a ser escrito no sítio deles, em Valença.

Para Teresa. O livro acabou de ser escrito na casa dela, no Leblon, onde eu e minha família ficamos hospedados, durante obras intermináveis no nosso apartamento.

E para o poeta Paco Cac, que se foi tão cedo.

A água lava, lava, lava tudo

A água só não lava a língua dessa gente

> (*Trecho da marchinha carnavalesca "A água lava tudo", de Paquito, Romeu Gentil e Jorge Gonçalves, que fez sucesso na década de 1950.*)

Quem sabe a Terra segue seu destino

Bola de menino pra sempre azul

> (*Trecho da letra de "Planeta azul", de Milton Nascimento e Fernando Brant.*)

Uma história sobre a água. É isso que você vai ler. Quer dizer, não é só isso. Acho que toda história é sempre mais do que uma história. Não dizem que "quem conta um conto aumenta um ponto"?

Mas por que uma história sobre a água?

Bem, o primeiro cara que subiu lá pro espaço foi um russo chamado Yuri Gagarin e, olhando o planeta lá de cima, ele falou uma frase que ficou famosa:

"A Terra é azul."

Ele só esqueceu de dizer que a Terra é azul porque o que vemos lá do espaço é a cor da água dos oceanos. E que 70 por cento do planeta é água. Aliás, nós também somos feitos 70 por cento de água. E nossos primeiros nove meses de vida são passados dentro d'água. Podemos dizer que, antes de ser gente, somos uma estranha espécie de peixe.

Então, em vez de se perguntar: "por que falar de água?", a pergunta pode ser: "como não falar da água?"

E, se este livro é sobre a água, é também sobre essa estranha espécie chamada gente, que começa a sua vida dentro d'água. Mas ele não é nem sobre toda a água nem sobre toda a gente. Talvez sobre o que algumas pessoas por aqui andam fazendo com algumas das águas por aqui.

E então, você pensa que água é H_2O?

Será?

1

Ela deu duas passadas largas, tomou impulso e saltou, já erguendo o braço. Sua mão cortou o ar e foi ocupar exatamente o lugar aonde a bola chegava. Numa explosão, a mão acertou a bola em cheio, ela passou pela rede, pelas mãos que, do outro lado da rede, tentavam em vão segurá-la, ou rebatê-la, ou mandá-la de volta, ou simplesmente impedir de alguma forma sua queda. Mas a bola caiu no chão, do outro lado da quadra. Ela então deu mais uma passada, grudou a cara na rede e, olhando firme nos olhos que estavam do outro lado, soltou um grito:

— Aaaaaahhh!

O par de olhos do outro lado da rede desviou daquele grito e da boca que o soltava e do rosto onde estava essa boca, pegou a bola e atirou para o outro lado, acertando em cheio o peito de onde saíra todo o ar que dera o grito.

Os dois se encararam, cada um de um lado da rede. Os dois pares de olhos estavam cheios de raiva, de desprezo, de vontade de xingar. Mas os outros jogadores chamaram os olhos raivosos de volta pro jogo.

— Vamos lá, gente, é o último ponto. Vamos ganhar.

— Atenção, não vamos dar bobeira. Olha os espaços. Concentração!

Os dois times se prepararam para disputar o que poderia ser o último ponto do jogo. Era um momento decisivo, mas eles estavam acostumados. Desde o começo do ano que todo sábado à noite eles disputavam um minitorneio de vôlei com três partidas, ali na quadra da escola. Giovana, que dera a cortada, se preparava agora para sacar. Theo, que não segurara a bola, tentava se concentrar e se posicionou para defender. A bola veio seca e rápida, mas na hora H tomou um efeito e ele acabou errando a defesa. Giovana saiu lá detrás com outro grito. Theo não gostou daquilo e gritou de volta pra ela. Ficaram os dois, um de cada lado da rede, berrando um com o outro novamente:

— Aaaaaaaaaaahhhhhhhhh!!!!!!!!!

— Aloooooou! O que é isso, gente? Do que se trata, posso saber?

Era Juliana, a professora de língua portuguesa e que era responsável por abrir a escola para o jogo de vôlei de sábado à noite. Mas Giovana e Theo continuavam a berrar, com todo o ar que tinham nos pulmões.

— Aaaaaaaaaaaaaaaaaahhhhhhhhhhhhhhhh!!!!

Juliana passou por debaixo da rede e separou os dois.

— Aloooou? Cadê o espírito esportivo? Caiu aqui? Se vocês esqueceram o que é isso, eu vou lembrar: se chama JOGO.

Quando você junta as letrinhas j-o-g-o, você não forma a palavra GUERRA, você forma a palavra JOGO. Fui clara?

Giovana e Theo pararam de berrar.

— Foi mal, *teacher* — disse Giovana.

— É, foi mal — também falou Theo.

Os dois foram andando pra fora da quadra, cada um de um lado da rede e sempre se encarando. Assim que saíram, olharam para o banco em frente, onde havia uma única garrafa de água. Os dois se precipitaram em direção a ela, os dois agarraram a garrafa juntos, os dois puxaram cada um para um lado e os dois acompanharam a trajetória da garrafa, se soltando das mãos deles, fazendo uma meia lua no ar, derramando um pouco da água que havia dentro dela e por fim se espatifando no chão.

— Olha o que você fez! — os dois disseram, ao mesmo tempo.

— Foi ele!

— Foi ela!

Os dois voltaram a falar juntos.

— Pô, esse carinha é insuportável.

— E você é o quê, por acaso? Uma criaturinha adorável?

— Galera! Parou! — falou Juliana mais uma vez. — Eu acho é que vocês precisam se conhecer melhor para acabar com essa briga. E tenho um método infalível pra isso. O Freud usava no consultório dele e se chama Vassoura e Pá de Lixo.

Giovana, Theo e todos os outros jogadores ficaram olhando pra Juliana sem entender. E ela completou.

— Calma, que eu já explico. No Método Freudiano Vassoura e Pá de Lixo, a mulher pega a vassoura e o homem, a pá de lixo. Aí, como num balé, ela varre os caquinhos da garrafa enquanto ele flexiona os joelhos e posiciona a pá de lixo para receber todos os caquinhos. Em seguida ele caminha dançando até a lixeira mais próxima. Ela o acompanha e levanta a tampa da lixeira para que, num *grand finale*, ele deposite os cacos na lixeira. Então o público aplaude e eles agradecem.

Todo mundo achou graça, menos Giovana e Theo, que reagiram na hora.

— Eu não vou fazer nada. Foi ele que derrubou a garrafa.

— Ah, eu? Essa é boa. A garrafa tava aqui do meu lado do banco, eu fui pegar, você deu um pulo que mais parecia uma aranha doida.

— Aranha doida, eu? E você...

— Chega! — gritou Juliana, interrompendo os dois. Em seguida foi falando cada vez mais baixo. — Eu não estou perguntando quem fez o quê. Estou dizendo o que vocês vão fazer. E acho bom começarem a fazer agora, senão a coisa vai piorar. Vai piorar bastante.

Toda vez que Juliana se esgoelava com algum aluno ou aluna, a turma acabava achando engraçado. Mas quando ela ia falando cada vez mais baixo, mais baixo, todo mundo se preocupava porque aí a coisa ficava braba. Giovana e Theo sabiam disso. Ele pegou a pá de lixo, ela pegou a vassoura e, mesmo sem fazer nenhum balé, cataram os cacos e jogaram na lixeira.

Então o público não aplaudiu e eles não agradeceram. Foram embora, cada um pro seu lado.

2

(GIOVANA NÃO VACILA: RESOLVE!)

(MANTENHA A DISTÂNCIA: THEO MEDITANDO)

— Amanhã tem prova de história. E eu bem que preciso dar mais uma lida na matéria. Mas acordei com essa dor de cabeça, desde ontem à noite que ela não me larga. O jeito é dar uma relaxada. Quem sabe dar um rolé por aí, jogar uma conversa fora. Ah, quer saber? Tem um tempão que eu não vou à praia. Acho que um mergulho vai acabar com essa dor de cabeça. Que droga. Ah, mas é claro, isso foi aquele mané de ontem no jogo. O Theo. Theo! Ô mala, isso sim. Passou o jogo inteiro implicando comigo, desde o começo. Olhava pra mim e ria. Ria de quê? Sou palhaça, por acaso? Bom, deixa isso pra lá. Quer saber? Vou pegar umas ondas. É isso

— Amanhã tem prova de história. Será que eu ainda me lembro do que vai cair? Podia ir lá na lagoa, dar uma pescada e pensar nisso. Ou não. Sei lá. O problema é que desde que acordei não consigo me concentrar em nada. Quase todo dia tem uma hora em que eu não consigo me concentrar em nada. É alguma coisa que acontece, o problema é que eu nunca descubro o quê. A terapeuta vive dizendo pra eu fazer isso, pra eu fazer aquilo. É tanta orientação que ela dá pra eu me concentrar que fica impossível eu me concentrar com tanta orientação. Se bem que ontem à noite eu sei o que me tirou do sério. Foi aquela doida da Giovana.

mesmo. Há quanto tempo que eu não pego onda? Não sei nem onde larguei a prancha. Ah, tá aqui, embaixo da cama. Nossa, chegou até a juntar poeira. É isso aí, vou pegar umas ondas. Cadê o pai? Acho que ainda tá dormindo. Tudo bem, na volta eu falo com ele.

Caramba, eu cheguei lá na quadra todo risonho, ia dizer que a gente podia até jogar no mesmo time, ela veio logo rosnando que nem um *pitbull*. Cada uma que aparece. Bom, deixa isso pra lá. Vou é pescar lá na lagoa. Pescando eu sempre consigo me concentrar. Pelo menos nos peixes. Vou nessa, acho que a general Fonseca e o mano ainda tão dormindo.

Toda vez que desço a favela e vejo esse canal desembocando na praia, me lembro de Fernando de Noronha. Me lembro, hã! Parece até que eu estive lá. Mas poxa, é quase como se tivesse ido. Eu lá, participando da "primeira etapa do campeonato brasileiro de *surf*, categoria juvenil, feminino, na terceira bateria, Giovana de Paula!" Tinha um vento sul soprando a favor, a minha quinta onda veio perfeita e eu vi que era a hora. Já tinha mandado uma batida, um *floater* e um *aerial*. Aí peguei um tubão. Saí da água com a certeza que ia passar na bateria. A Tati, que tinha viajado comigo, mas não conseguira a classificação, deixou até de lado aquela cara de chuchu e veio me dar uma força:

— Mandou bem. Mandou muito bem.

— ...

— Ei, ei, tô falando com você, mulher! Acorda! Tá em que planeta?

— Oi, Claudinha, tudo legal? Tava distraída, pensando umas coisas aqui.

— Eu vi, tu tava em Marte ou um pouco mais pra lá. Tô dizendo que você mandou bem, mandou muito bem desentocando essa prancha e voltando aqui pra praia. Isso quer dizer que você vai voltar pro *surf*, eu espero.

— Não, isso quer dizer só que eu preciso relaxar e não conheço nenhuma forma melhor de fazer isso do que pegando onda.

— Tá. Mas você não quer levar uma vida relaxada, não? É só seguir no *surf*, pra vida toda.

— Sabe o que é, Claudinha? A vida toda é muito tempo. E *surf* não dá camisa a ninguém.

— Aí é que tá o barato. No *surf*, não precisa de camisa. Quer coisa melhor do que ter um biquíni como uniforme de trabalho?

— Tá certo, é bom mesmo. Mas isso é pra quem pode. Teu pai, por exemplo. É o que mesmo? Engenheiro da Petrobras, não é? O meu é porteiro lá da escola onde eu estudo. Aliás, só estudo no Ateneu porque ele trabalha lá. Se tivesse que pagar a mensalidade, não dava pra assistir nem o primeiro tempo inteiro.

— Ai, que dramalhão, parece novela das oito!

— Não, eu não tô reclamando de nada. Só tô sendo realista. Eu tenho que arranjar uma profissão mais certinha, pra mim não dá pra arriscar tanto. Não tenho ninguém na retaguarda pra segurar a minha onda.

— Você não tem que segurar a onda, tem é que descer nela. Uau!

— Ah, Claudinha, só você pra me fazer relaxar. Você é dez. Quer saber? Vamos deixar esse papo sério de "o que eu vou ser na minha vida", isso tem a maior cara da orientação vocacional lá da escola. Vamos é pegar onda!

As duas se prepararam para correr e se atirar no mar com suas pranchas. Em dois minutos estariam lá na arrebentação, esperando a onda certa.

Dentre as civilizações conhecidas como hidráulicas, temos a Mesopotâmia, que significa, que significa, que significa...

Bem, ela é banhada pelos rios Tigre e Eufrates e ah, significa entre rios e vem do grego: Meso — Rio e Potamus — entre. Ou será o contrário? A Mesopotâmia gosta de pescar na lagoa que fica logo depois do condomínio, não, a Mesopotâmia foi um dos primeiros conglomerados onde os seres humanos se sedentarizaram e começaram a construir cidades. Na cidade tinha uma lagoa onde eles pescavam linguado e tainha e ainda pegavam camarão com uma rede e catavam sururu às quatro da manhã. Se bem que quem catava sururu eram as crianças lá da favela, que depois iam vender tudo na feira em vez de ir pra escola. Não! Se concentra, Theo, se concentra! Onde eu tava mesmo? Na Mesopotâmia, entre o Tigre e o Eufrates. Pô, eu tava longe. O que será que conversavam os homens na beira do Tigre e do Eufrates? Só pescavam, não diziam nada? Dividiam a água? Ou brigavam por causa de uma mísera garrafinha, que nem aquela retardada da Giovana? Isso não importa, o que interessa é que, dentre os mesopotâmios ou mesopotâmicos, sei lá, um deles adorava pescar na lagoa, mas acho que eu já falei disso, inclusive a terapeuta do mesopotâmico ou mesopotâmio sempre dizia pra ele se concentrar, mas ele não conseguia. Acho que foi por isso que a civilização mesopotâmica ou mesopotâmia acabou. Mas antes deles acabarem, o meso-aquilo-lá chegou na lagoa, foi lá pra ponta de uma pedra que se projetava pra dentro d'água, preparou as iscas, iscou o anzol e já estava imaginando os peixes que ia pegar assim que mandasse a isca n'água.

Assim que Giovana e Claudinha correram para entrar na água, ouviram um apito. Pararam e viram um salva-vidas chegar correndo.

— Olha só, a recomendação hoje é que ninguém caia n'água.

— E eu posso saber quem inventou essa recomendaçãozinha chinfrim?

— Pode, madame Giovana, perfeitamente! — — disse o salva-vidas, achando graça do nariz empinado da surfista que ele não via por ali há algum tempo. — A recomendaçãozinha chinfrim vem de um orgãozinho chinfrim chamado Instituto Estadual do Ambiente, ok?

— E o que houve, Alex? — perguntou Claudinha.

— Ah, o que houve!...

Assim que Theo tomou impulso para jogar a linha longe, ouviu um apito. Parou e viu um guarda chegar correndo.

— Oi, Theo, sinto muito, mas vou cortar seu barato. Nada de pesca hoje.

— Mas o que houve, Marcos?

— Ah, o que houve!...

3

C. C. — COMUNICADO CONVOCATÓRIO — Nº 245 DO CONDOMÍNIO *DIADOR'S BEACH TOWER*

Prezados Senhores Condôminos,

Pelo presente, venho comunicar que uma vez mais nossa comunidade se vê atacada por um grave problema que quer se mostrar mais do que grave: insanável. A mortandade de peixes em nossa lagoa. Não é necessário ir ao local constatar o triste fato, pois se os peixes mortos interditam nossa praia, seu mau cheiro invade não apenas nosso condomínio, mas até mesmo as narinas de nossas famílias.

Porém, se tal problema quer se mostrar constante, também nós seremos constantes em seu combate e não permitiremos que ele se torne insanável. Para tal, basta que nossa comunidade se debruce com seriedade sobre a questão. E constatará facilmente a sua causa. Ora, por que morrem os peixes em nossa lagoa? Porque nela são despejados milhares de litros de esgoto. E de onde vem tanto esgoto? Da favela que cerca a lagoa, localizada no Morro do Peixe-Rei e que, mais do que cercar, verdadeiramente a estrangula e sufoca, tal qual as garras de um dos siris que ainda consegue milagrosamente habitar naquelas águas pútridas.

E se sabemos qual é o problema, podemos também saber a solução. É simples: a remoção da favela, com a consequente eliminação do despejo de esgoto. E a comunidade do *Diador's Beach Tower* não pode mais se furtar a tomar as decisões acertadas para combater seus problemas.

Por isso convoco a todos para uma AGCU — Assembleia Geral em Caráter de Urgência —, no *Golden Saloon* do Espaço Vivência Térreo, a se realizar aos dezoito dias do mês de agosto, sexta-feira próxima, às 20 horas, em primeira e única convocação, com qualquer número de presentes, já que pelos nossos novos estatutos recentemente aprovados o caráter de urgência dispensa a necessidade de quórum, com o seguinte tema de pauta:

— A REMOÇÃO DA FAVELA DO MORRO DO PEIXE-REI.

Subscrevo-me atenciosamente,
Cristina Fonseca — *Síndica*

— Gente, gente, um de cada vez senão ninguém se entende.

— Já tão acusando a gente de novo de jogar esgoto na lagoa.

— Mas, ô Brito, a gente joga esgoto na lagoa.

— Você tá defendendo aqueles desgraçados? De que lado você tá, Alfredo?

— De preferência, de um lado que enxergue o óbvio. Se o condomínio ficar xingando a gente e a gente xingando o condomínio, ninguém vai a lugar nenhum.

— Ô Alfredo, o único lugar que eu quero ir é pra dentro dessa lagoa pescar, porque é assim que eu ganho a vida, em vez de ficar enfiado aqui nessa Associação de Pescadores e Moradores e Sei Lá Mais Quem, ouvindo conversa fiada.

— Dá licença, mas eu discordo de vocês dois. Ô Brito, você vai na lagoa pescar o quê? Peixe morto e podre? E Alfredo, eles lá do condomínio não vão a lugar nenhum, mas a gente vai, sim senhor. Vai acabar sendo removido daqui. Ouve o que eu digo: eles vão pedir a remoção da gente.

— Concordo, Serjão. Pô, eu já vivi uma remoção, em 1958, eu era criança, mas sei o que é. Barra pesada! A gente vai ser mandado pros quintos dos infernos. Se aqui não tem esgoto, qualquer lugar pra onde a gente vá não vai ter esgoto, luz, água, ônibus, escola, nada. Quando a gente veio pra cá, era assim.

— Tá bom, Alfredo, mas a gente não pode admitir que a culpa da mortandade de peixes seja nossa. Até porque mortandade de peixe sempre teve nessa lagoa.

— Ô Neto, não é bem assim. Muita gente aqui não deve lembrar, mas eu, que também cheguei aqui bem no comecinho da nossa história…

— Mas quem é que quer escutar história?

— Brito, deixa o Matias falar.

— Como eu tava dizendo, lá atrás, há muito tempo, essa praia que tá aí era um enorme manguezal, que foi praticamente todo destruído.

— Destruído pela construtora desse condomínio, pra fazer essa praia que tá aí.

— Tá certo, Neto. Mas o que eu quero dizer é que o problema da mortandade dos peixes começou com a destruição do mangue.

— Certo. E piorou com o esgoto da favela.

— Lá vem você de novo, Alfredo! Que mania!

— Calma, Brito, calma, gente.

— Vem cá, é o mangue que acabou, é o esgoto, é a chuva, é o lixo. É tudo isso. Muito bem. Mas não tem um jeito de acabar com isso, não?

— Bom, Neto, eu acho que em primeiro lugar tem que ter alguém que conheça bem essa lagoa, não é?

— Tem que ter alguém que tape a tua boca, ô Alfredo. Você só diz bobagem. Afinal de contas, essa assembleia aqui é pra quê? Quem é que vai pagar meu prejuízo com a mortandade dos peixes? Quem é que vai botar comida na mesa lá de casa?

— Calma, Brito! Que coisa! Se a gente for removido você não vai ter nem mesa. E eu não acho que seja bobagem o que o Alfredo disse. Conhecer a lagoa pode ser um passo pra achar uma solução.

— Tá bom, Serjão. Mas quem é que conhece esse diabo dessa Lagoa de Diadorim?

— Há muito tempo, num tempo em que ainda não havia tempo, os deuses estavam fazendo uma grande festa, pois haviam acabado de criar o mundo. Entre frutas e vinhos, os deuses riam, felizes, se lembrando de suas últimas criações. Um peixe e uma sereia. Eles já haviam criado muitas vidas e, dentre elas, muitas sereias e milhares de peixes. Mas esses dois eram especiais. Muito especiais.

Eles sabiam falar.

Em toda a criação, eles eram os primeiros e únicos seres que sabiam falar. Em tudo que vivia nos céus, nos mares, nas florestas, só aqueles dois seres tinham o dom da palavra.

Mas, se os deuses deram esse presente à sua última criação, também impuseram uma lei. E a lei dizia que os dois seres podiam cantar, podiam dizer o que quisessem sobre tudo o que havia sido criado. Mas nunca poderiam conversar um com o outro.

Nunca.

E os dois seres, cada um em seu caminho, andaram por todos os lugares da criação e viram todos os seres criados. E comentavam, cada um consigo mesmo, sobre tanta beleza que encontravam.

Até que, num dia em que havia muito sol de um lado do mundo e muita chuva do outro, como se a criação estivesse dividida ao meio, exatamente no meio desse dia os dois seres se encontraram pela primeira vez. E ficaram paralisados. E um mesmo pensamento surgiu tanto na mente do peixe quanto na da sereia. E esse pensamento era:

— Vi tudo que foi criado. Mas nada tem tanta beleza.

E esse pensamento foi descendo e descendo das mentes do peixe e da sereia e descendo passou por trás de seus olhos e descendo quase fugiu pelos ouvidos e descendo respirou um novo e desconhecido perfume pelas narinas e descendo sentiu um gosto especial na língua e descendo passeou entre os dentes e descendo tocou de leve os lábios e as bocas se entreabriram em sorrisos e eles não se contiveram.

E os dois falaram, um para o outro:

— Vi tudo que foi criado. Mas nada tem tanta beleza.

Na mesma hora o sol se misturou com a chuva e ambos despejaram um calor e um frio sem fim por toda a criação, como nunca se havia visto nem sentido. Era o castigo dos deuses. E ele estava só começando. Todos os seres criados se esconderam, com medo. E dois raios desceram dos céus e atingiram o peixe e a sereia. O peixe foi transformado num mar e a sereia numa lagoa. Um ficava de frente para o outro, mas, separados por uma faixa de areia, não conseguiam se ver. Por isso o mar criou as ondas. Era o peixe tentando em vão ver sua sereia. E ela, em vez de dormir, chorava a noite toda, na tentativa de transbordar e chegar ao mar. Mas o sol nascia, trazendo o dia, e evaporava o choro da sereia insone e ela nunca mais viu o peixe.

E passou-se muito tempo, nesse tempo em que ainda não havia tempo. Até que, um dia, uma deusa ficou com pena dos dois e mandou que todos os siris começassem a escavar a areia na beira da lagoa, em direção ao mar. E todos os siris escavaram sem parar. E numa noite, por fim, a lagoa transbordou através do canal escavado pelos siris e conseguiu encontrar o mar.

Nove meses depois desse encontro a lagoa deu à luz um novo ser. Era o primeiro ser humano. E o mar e ela o chamaram de Diadorim, que significa "Filho da Beleza".

— Aí, professor, que história bacana. Quer dizer que essa lagoa aí do lado da escola é a Filha da Beleza?

— Claro que não. Filho da Beleza é o ser humano, filho da lagoa.

— Eu tô falando com o professor, não é contigo, Giovana. Você é metida, hein? Ô professor, então a lagoa é a mãe da beleza. Já tô confuso.

— Não liga, não, professor. O Theo tá sempre confuso.

A turma riu, mas o Theo não achou graça, não. De novo aquela garota atravessando o caminho dele. O professor Nilson tentou esclarecer melhor.

— Gente, isso é uma lenda. Não é pra ser levada ao pé da letra. Essa é a lenda da criação dessa lagoa, contada pela tribo dos Muriquis, os índios que habitavam essa região no século 17.

— Quer dizer que já teve índio aqui? Eles que começaram essa favela?

— Claro que não, gente. Os índios foram expulsos daqui muito antes disso. Essa favela não tem nem 50 anos.

— Tem 58.

— Como você sabe, Giovana?

— Ué, ela mora lá, não é, Bruno?

— É isso aí, *teacher*. E o meu pai viu o nascimento dessa favela.

— Quer dizer que há 58 anos que ele tá jogando esgoto aí na lagoa?

— Ele e a tua mãe, Bruno.

— Opa, opa, opa. Vamos parar? Sem agressão, gente. Isso aqui é uma aula de geografia. Giovana: sem mãe! Bruno: sem agredir o pai dela. Bom, o nosso tempo tá acabando. Mas a gente vai continuar a pesquisar a poluição na lagoa. Quero que cada um converse em casa com as suas famílias e traga ideias a respeito. Quero ideias, ideias!

Sabia que no subsolo do Brasil tem um lugar chamado Aquífero Guarani, que é um dos maiores reservatórios de água subterrânea do mundo? E estão descobrindo um outro lago subterrâneo desses debaixo da Amazônia.

Não sei se o Theo e a Giovana sabem disso. Nem sei como isso pode ajudar no problema da mortandade de peixes lá na Lagoa de Diadorim. Mas deve haver alguma relação entre esses dois fatos, vocês não acham? Afinal de contas, por que a água está começando a valer ouro no nosso planeta? Só pode ser porque alguém sabe que daqui a pouco ela vai faltar. Ou melhor: em vários lugares ela já está faltando. E nem é de hoje. Aquele cantor, o Luiz Gonzaga, já cantava desde 1947:

Que braseiro, que fornalha
Nem um pé de plantação
Por falta d'água perdi meu gado
Morreu de sede meu alazão

Mas possivelmente nem a Giovana nem o Theo conhecem essa música. Talvez também não conheçam falta d'água.

Então, do que será que eles sentem falta?

4

A estação de tratamento de esgoto do Condomínio *Diador's Beach Tower* é uma construção de cimento, com corredores, escadas, tanques, filtros e canos pra todo lado. Para quem entra ali pela primeira vez e sem ser convidado, ela pode parecer um labirinto. Theo anda pelos corredores esperando não encontrar nenhum Minotauro e nenhum segurança e sem saber muito bem o que procura. Abre e fecha portas. De um outro corredor, Giovana vê o colega de turma.

O que será que Giovana faz ali? E Theo? O que cada um procura?

E quando foi que chegaram à estação? Hoje? Ontem?

Ou ainda vão chegar lá, amanhã ou depois?

Muita água ainda vai rolar até que isso tudo fique claro.

Claro como água.

5

Na sala da casa de Theo, Sebastiana acaba de servir mais bolinho de vagem no prato dele.

— Sebastiana, esse teu bolinho de vagem devia ganhar um Prêmio Nobel de Culinária.

— Nossa, e que prêmio é esse?

— É de ganhar prêmio sim, mas eu não quero mais que você faça esse bolinho.

— Ô mãe, qual foi o crime que o bolinho cometeu? — Theo quis saber. Mas quem entrou na conversa foi seu irmão.

— Não percam hoje à noite **"O crime do bolinho"**, mais um episódio da engordurante série **"Quando os detetives almoçam"**.

— Sem piadinhas, Rafael.

— Sim, senhora, sim! — respondeu Rafael, batendo continência. Mas logo em seguida emendou:

— Opa, foi mal!

Cristina fingiu que não viu nem ouviu o filho mais novo:

— Theo, bolinho significa fritura. E fritura significa peso, colesterol, gordura nas veias. E meu regime vai pro brejo.

— Tá bom. Só que eu não faço parte do seu regime. É só você não comer o bolinho, ué.

— E você acha que eu resisto vendo o bolinho aqui na minha frente? Tá decidido. Nada de bolinho.

— Caraca! Prisão perpétua pro bolinho!

— Rafael, já falei.

— Mas que saco, não consigo comer um bolinho em paz!

— Theo...

— Já sei, não precisa vir com mais um sermão. E eu tenho outro assunto pra falar com você. Eu vi no elevador o papel que você escreveu pros moradores.

— Theo, aquilo não é um papel, é um C.C. — Comunicado Convocatório.

— Tá, mas vocês vão pedir a remoção da favela por conta da mortandade de peixes?

— Meu filho, tem coisas que a gente tem que enfrentar. Não tem outra solução. Esse problema se repete, se repete, se repete. Agora mesmo, por exemplo: nós estamos aqui almoçando de janelas fechadas e ar condicionado ligado. Porque, com esse mau cheiro, ninguém consegue comer.

— Tudo bem. Mas só tem essa solução?

— E você conhece alguma outra?

— Eu não. Mas é que a gente tá discutindo exatamente isso lá na escola.

— Ah, é? E por quê?

— Ah, o professor de geografia trouxe esse problema pra sala porque a gente tá estudando a água no planeta. E ele pediu pra gente levar ideias.

— Mas que ótimo, meu filho. Então eu vou ligar pra escola e me oferecer para ir lá explicar o problema.

— Não, mãe. Não precisa. Eu falo.

— Não é questão de precisar, meu filho. É que todo mundo tem que participar. Como é que as coisas vão melhorar se ninguém se mexer pra isso? Tá resolvido, eu vou ligar pra sua escola. E, poxa, vai ser um prazer ir lá na sua turma. Bom, agora vocês me dão licença que eu tenho que voltar para o escritório. Tô cheia de trabalho hoje.

Assim que a mãe deles saiu da sala, Theo desabafou com o irmão:

— Putz, isso vai dar confusão, você não acha?

— Qualé, *brother*? Não acho, não.

— Não?

— Claro que não. Eu tenho **certeza** que vai dar confusão. Quem mandou você abrir esse bocão e confessar tudo pra general Fonseca? Ela nem precisou te torturar pra obter tua confissão... mané!

— É, eu devia fazer que nem você, que fica só na piada.

— Você não aprende, né não? Sebastiana, ó, o bolinho de vagem agora é agente secreto. Só sai da frigideira quando a general Fonseca não tiver em casa, combinado?

— Você é que sabe, Rafael. Eu não quero é confusão pro meu lado.

— Deixa comigo, que eu mando bem.

Na casa de Giovana, ela e o pai, seu Alfredo, também almoçam.

— Ô filha, vi tua prancha aí. Vai voltar pro *surf*?

— Não, pai. Tava precisando relaxar e fui pegar umas ondas com a Claudinha. Só isso. Já falei pra você que *surf* não é pro meu bico.

— Que pena. Tua mãe ia gostar.

— Ah, pai, lá vem você de novo com essa história? Quando é alguma coisa que você quer que eu faça: "ah, sua mãe ia gostar tanto". Mas quando eu puxo o assunto da morte da mamãe, da doença dela, aí você tá sempre ocupado e não pode falar.

— Mas eu sou um sujeito ocupado mesmo, minha filha.

— Pai, eu não sou mais criança. Essa conversa não cola mais.

— Tá bom. Tá bom.

— Não, não tá bom não. Pra falar a verdade, tá é ruim.

— Você tá certa. O problema não é se eu sou ocupado ou se eu não sou. Quer saber? Eu te digo: eu não consigo falar desse assunto com você.

— E você fala com quem?

— Com ninguém, Giovana, com ninguém.

— E isso é solução? Tá, deixa isso pra lá. Tem outra coisa que eu quero falar com você, pai. Seguinte, lá na minha turma tá todo mundo falando da mortandade de peixes, o professor de geografia resolveu discutir isso e a gente tem que participar, levar ideias, aquelas coisas. E neguinho vem logo dizendo que a culpa é da gente, é a favela que polui. Você não quer ir lá contar a história da favela pra aquela galera, não?

— Sei não, filha. Não sei se eles vão gostar de escutar o porteiro da escola. Nem sei se a direção vai gostar de me ver dentro de sala, falando com os alunos. Você sabe como é o pessoal lá da escola.

— Que nada, pai. Não tem nada a ver. Qual o problema?

— Será que é uma boa ideia mesmo?

— Claro que é. Eu sempre adorei te ouvir contar a história daqui. Conta lá pra eles, vai.

— Tá bom. Eu conto. Pode até ser bom porque a gente tá discutindo a mesma coisa aqui na Associação. Quem sabe esse teu professor ajuda a gente. É o Nilson?

— É ele mesmo, pai.

— Gente boa. Sabe, toda vez que tem mortandade todo mundo discute. O diabo é que acabou o peixe morto e o mau cheiro, acabou a discussão também. Volta tudo pra estaca zero.

— É, parece um outro assunto que eu conheço.

— Tem coisas que são difíceis.

— Lá vem você com essa história de que tem coisas que são difíceis.

— E não tem, não?

— Não.

— Ah, é? E quando é que você vai voltar pro *surf*?

6

Na quinta-feira, o terceiro e o quarto tempos eram de geografia. No quadro-negro estava escrito em letras grandes:

VOCÊ PENSA QUE ÁGUA É H_2O?

Nilson começou a aula explicando aquela pergunta no quadro.

— Vocês sabem que água é H_2O. Mas isso é uma explicação da química. A água também é muito mais do que isso. Como a gente viu, ela é a base da vida no nosso planeta. E como a gente está vendo, nossa civilização construiu um desenvolvimento que não se sustenta. A água vai acabar, assim como tantos outros recursos do planeta. Por isso é que hoje se discute tanto o desenvolvimento sustentável. E vamos continuar as nossas conversas. Hoje nós vamos falar com o pai da Giovana, o seu Alfredo, que todos vocês conhecem, porque ele é porteiro aqui da escola, e com a dona Cristina Fonseca, que é a mãe do Theo. E, pra começar essa conversa, eu pergunto pra vocês dois: o que era a água na infância de vocês?

Cristina e Alfredo estranharam um pouco a pergunta, mas logo trouxeram um rio de histórias, lembrando de tanta água que rolou na infância de cada um.

Alfredo contou que ali, na Lagoa de Diadorim, ele pegou muito camarão, siri e sururu, pescou traíras, pintados, tainhas, cascudos, lambaris, peixes-rei, linguados, carás e barrigudinhos. E quanto bicho havia por lá! Cisne-de-pescoço-preto, pato-arminho, marreco, biguá, capivara, ratão-do-banhado. Até jacaré-de-papo-amarelo. E contou que a praia se chama Praia do Amarelo por causa desses jacarés que existiam ali. Lembrou que ele e seus amigos saíam catando madeira nas obras para fazer fogueira na praia, na noite de São João, e cozinhar nas brasas batata-doce enrolada em papel laminado, que pediam na feira. E quanto futebol jogou, tanto nas areias da praia quanto nas da lagoa. Foi goleiro do Tatuís, um time formado pelo pessoal da favela e que disputava o campeonato de futebol de praia de toda a região. No ano em que foram campeões, derrotando o Lá Vai Bola, o adversário tentou anular o título deles, alegando que eles não eram de praia, mas da lagoa. Só que a conversa mole não colou e eles deram a volta olímpica no campinho que havia nas margens do canal, entre a lagoa e a praia.

Cristina contou que o mar era a principal imagem de sua infância. E o principal barulho também, pois morava no Rio, numa casa de frente para a praia de Copacabana, e dormia ouvindo as ondas. Nas manhãs, catava tatuí na areia e levava para a mãe cozinhar com arroz. Seu irmão ia para a praia do Arpoador e pegava mexilhão nas pedras. Sua turma de amigas tinha uma boia enorme, feita com o pneu de um trator da fazenda do pai de uma delas. Cabiam umas cinco ou seis meninas sentadas ali e se atirando nas ondas. Jogavam futebol com os meninos e levavam bronca das mães, sempre que elas descobriam. Outra bronca certa era quando se armavam no céu os temporais de verão. Ela sempre fugia pra rua pra tomar banho de chuva. "Menina, você ainda morre de pneumonia!", era a frase de sua mãe, quando a via entrando completamente encharcada. Também viu e até paquerou os primeiros surfistas, que apareceram na praia com suas pranchas enormes e, mais do que isso, com aquela magia de pegar onda se equilibrando em pé naquele pedaço de tábua colorido.

Depois de tanta memória, a conversa ficou mais séria e cada um disse o que pensava sobre o problema da poluição na lagoa. Agora a turma fazia perguntas aos dois e era a vez do Bruno:

— Ô seu Alfredo, quer dizer que, pro senhor, o problema da favela tem solução?

— Olha só, Bruno, eu acho que a favela é problema e é solução também.

— Desculpe, Alfredo, mas que solução é essa, se nem reboco vocês botam nesses barracos todos de tijolo? — perguntou Cristina.

— Bom, como eu falei, minha família veio pra cá eu tinha três anos. Isso era 1958, por aí. Nessa época, os barracos eram todos de madeira. Cada um catava tábua onde conseguisse e fazia o seu barraco. Quando chegava o verão e caíam os temporais, o que tinha de barraco que vinha abaixo! Muita gente se machucava e até morria. Então, o que hoje ainda pode parecer um problema, que são os barracos todos de tijolo sem cimento, já foi uma melhoria grande, já foi, para nós, um tipo de solução, sabe?

— Mas essa solução fez crescer muito a favela e aumentou muitíssimo o esgoto que vai pra dentro da lagoa. Será que essa solução não trouxe um problema maior ainda?

— Talvez, dona Cristina.

— Que é isso? — ela interrompeu. — Me chame de Cristina. — E completou: — Fonseca.

— Certo, Cristina — disse Alfredo. E completou: — Fonseca. Mas o condomínio tem rede de esgoto. A favela pode ter também.

— Mas o condomínio já foi construído com a estação de tratamento, que depois foi ligada à rede de esgoto. A favela tá aí instalada. Como vai se tirar essa gente toda pra fazer uma rede de esgoto?

— Quando a gente veio morar aqui, ninguém tinha água encanada, luz nem gás. A gente cozinhava em fogareiro, subia o morro com lata d'água e de noite ligava o lampião. Mas hoje temos luz, água e gás de bujão. E já temos uma rede de esgoto. Muito precária, é verdade, e que precisa ser melhorada, sim, mas tá lá. O que falta principalmente é a estação de tratamento, pro esgoto não ser jogado direto pra dentro da lagoa, estragar a água e matar os peixes.

— É — completou Giovana. — Mais uma vez a gente olhando pra trás vê que pintaram várias soluções.

— Concordo plenamente com você, Giovana. E até com seu pai — era Cristina retomando a palavra. — E acho que vocês estão certíssimos em reivindicar. Vocês têm que querer mais. Não podem querer pouco, não. Têm que buscar novas soluções. E morar em favela não pode ser solução. Vocês não podem se submeter a isso. Como eu disse, vocês têm que querer mais. Mais. Vocês têm direito a um bairro, como todo mundo. E não a uma favela que vive desabando todo ano com as chuvas. É um direito que vocês têm que exigir. E ninguém pode tirar de vocês.

Alfredo ainda falou que eles não queriam outro bairro, queriam manter a sua história. E Cristina voltou a dizer que eles estavam querendo muito pouco. Ainda haveria muita coisa a ser discutida, mas o sinal marcando o final do quarto tempo veio botar um ponto final na discussão.

... Ou seriam só reticências?

A água, tão mínima na gota, transborda o copo.

E do copo ganha força, como a água que vai à hidrelétrica. E volta, do oceano até a lágrima. A água nos acompanha do campo à cidade. Da infância até a morte. Do primeiro ao último choro. Toda vida do nosso planeta é líquida. Embora não seja certa. E com o risco da falta de água vai ficando cada vez mais incerta.

Água que falta, água que sobra.

Nas cidades, a água quer entrar no solo e não consegue mais. Chove chuva que não deschove. O velho ditado que ensinava que "água mole em pedra dura tanto bate até que fura" foi derrotado pelo asfalto, que não deixa a água entrar na terra e faz ela correr feito louca pelas ruas.

Enchentes transbordando em si mesmas.

Mas, entre elas, um terço do nosso planeta vai ficando deserto. E, no mundo todo, um terço da população não tem rede de esgoto. A essa altura, se alguém virar dono da água, vai ficar tão rico quanto o dono de uma companhia de petróleo.

Mas alguém pode ser dono da água?

7

No recreio da sexta-feira, o Bruno chegou com uma novidade.

— Aí, galera, vocês já viram o que tá bombando no *You Tube*? Olha só. Theo, esse cara aqui não é o Rafael, teu irmão?

Bruno acessou o *You Tube* do celular e mostrou dois caras com umas roupas estranhas e umas caras pintadas, cantando um *rap* na beira da Lagoa de Diadorim. E os caras diziam assim:

— Aí, galera, a dupla Zé Goteira e Ruim da Telha apresenta um *rap* animal, com muito H_2O. É o *Rap* da Água Mole. O esquema é esse, *véi!*

E começavam a cantar:

Tô ligadão na maré
Tu sabe como é que é
O mar já não tá pra peixe
Nem lago pra jacaré

A água mole
Na pedra dura
Não bate mais
Mas que loucura!
A água mole

Na pedra dura
Não bate mais
Mas que loucura!

Tá todo mundo com sede
E o peixe não cai na rede
Já tem até camarão
Subindo pelas paredes

A água mole
Na pedra dura
Não bate mais
Mas que loucura!
A água mole
Na pedra dura
Não bate mais
Mas que loucura!

Só tem areia por perto
E o nome disso é deserto
A terra entrou num beco
Tá tudo ficando seco

A água mole
Na pedra dura
Não bate mais
Mas que loucura!
A água mole
Na pedra dura

Não bate mais
Mas que loucura!

Quando o vídeo acabou, a turma que assistiu ali no pátio da escola vibrou. O Theo achou graça.

— Esse meu irmão é pirado!

Mas o Bruno falou:

— Esse teu irmão é um gênio, cara! Sabiam que esse troço já teve milhares de acessos? Cadê ele? Ah, e vamos mostrar isso pro Nilson.

8

Apesar do vento, a mulher retoca o penteado, pergunta se a maquiagem está certinha. Seu assistente diz que sim, o câmera se prepara e dá o sinal de "gravando!". Com o microfone na mão, ela encara a câmera e começa:

— A natureza caprichou e deu de presente uma bela manhã de sol neste domingo, para o Abraço à Lagoa de Diadorim. Preocupados com as constantes mortandades de peixes, os moradores do Condomínio *Diador's Beach Tower* decidiram, numa simples reunião de condôminos, realizar um protesto ecológico nessa manhã. E aqui estão eles. Já podemos ver as crianças, todas de branco, com cartazes que pedem "liberdade para os peixes", "água limpa para a lagoa" e até dizem "assassinaram o camarão. Foi a poluição!". Depois das crianças e também vestindo branco vem a passeata dos moradores. É uma festa ecológica, uma aula de cidadania em pleno domingo. É uma beleza! Nós vamos conversar agora com uma das organizadoras dessa manifestação, a Cristina, que é síndica do Condomínio. Cristina...

Cristina interrompeu a repórter:

— Fonseca.

— Como? — perguntou a repórter, sem entender.

— Cristina Fonseca — falou Cristina, de forma didática.

— Claro! — continuou a repórter. — Cristina Fonseca, qual o principal objetivo deste abraço à Lagoa de Diadorim?

— Nosso objetivo é despertar a consciência ecológica das pessoas que vivem em torno desse verdadeiro parque natural formado pela lagoa. Nós estamos enfrentando mais uma mortandade de peixes, com seus reflexos na Praia do Amarelo e em todos os que moram aqui. E queremos uma solução definitiva para esse problema que há décadas se repete.

— E por que o abraço?

— Porque abraçar é uma maneira de manifestar o nosso amor por essa lagoa. E nós queremos que esse abraço sensibilize não apenas todos os que moram aqui, mas também as autoridades, para juntos buscarmos uma solução. Estamos abraçando o problema! — disse Cristina. E gostou da frase, tanto que a repetiu no microfone, para que todos ouvissem: — Estamos abraçando o problema!

— Nós podemos ver a passeata se estendendo pelas margens da lagoa... E agora vemos também um outro grupo que se aproxima do Abraço à Lagoa. Parece uma nova passeata. São novos manifestantes se juntando ao Abraço. É uma beleza!

Cristina e a repórter olhavam o novo grupo que se aproximava, tentando entender quem eram. Também traziam cartazes e cantavam uma música, que foi ficando mais e mais alta, à medida que eles chegavam mais perto:

A água mole
Na pedra dura
Não bate mais
Mas que loucura!

Era o *Rap* da Água Mole, cantado pelos moradores da Favela do Peixe-Rei, que também vinham em passeata e trazendo vários cartazes e faixas. Alguns deles também diziam "água limpa para a lagoa". E outros pediam: "Comunidade do Peixe-Rei quer tratamento de esgoto". A repórter foi se encaminhando na direção do novo grupo. Cristina a seguia, contrariada.

— Parece que a festa ecológica tomou conta de todos os moradores da região. É uma beleza! Vamos conversar com o novo grupo de manifestantes que acaba de chegar. Bom-dia, vocês também são moradores da região?

O professor Nilson, que vinha junto com um grupo grande de alunos do Ateneu, foi o primeiro a responder:

— Bem, eu sou o professor Nilson, do Colégio Ateneu. Quando souberam da manifestação, os próprios alunos convocaram seus colegas pela internet e pelo celular. E a resposta foi imediata.

— E além da escola, tem o pessoal aqui da Favela do Peixe-Rei — disse Giovana, que vinha com Alfredo, Serjão, Brito e outros. E Serjão emendou na fala dela:

— Temos gente aqui da Associação de Pescadores e Moradores, eu sou o presidente da associação, e muitos moradores da comunidade, que vieram se manifestar.

— Quer dizer que todos os moradores da região vieram abraçar a Lagoa?

Serjão já ia responder, mas o Brito foi mais rápido e tomou a palavra, segurando o microfone:

— Bom, minha senhora, se vieram todos eu não sei. Sei que viemos nós que somos os moradores originais dessa região e estamos aqui há mais de 50 anos. E nós viemos abraçar a nossa lagoa.

Aí Cristina se enfezou e puxou o microfone para si:

— Pra começar, a lagoa não tem dono, ela é pública. Pública! E nós, do Condomínio *Diador's Beach Tower*, chegamos aqui primeiro para abraçar a lagoa. A repórter está de prova. É ou não é? É ou não é? — insistiu Cristina, quase tomando o microfone da mão da repórter que, a essa altura, tentava evitar a confusão, sem saber muito bem como:

— Bem, é um abraço coletivo, sem dono, não é?

— Mas ela acha que é dona do abraço e da lagoa. Olhaí: "cheguei primeiro". Primeiro chegamos nós que estamos aqui há 50 anos, como eu falei — disse o Brito, quase engolindo o microfone.

— Há 50 anos que vocês estão aqui poluindo a lagoa, jogando esgoto aí dentro. É por isso que tem mortandade de peixe, por culpa de vocês.

A repórter começava a ficar perdida no meio da multidão. Ou melhor: das duas multidões que iam se apertando, se apertando. Mas continuava a sua reportagem:

— Bem, isso é a democracia. Liberdade de expressão e divergência. Mas todos lutando pela ecologia. É uma beleza!

Nisso, dois seguranças de óculos escuros e terno preto surgiram no meio das duas multidões já misturadas e vieram abrindo caminho para um homem de jeans e camiseta, que já chegou quase arrancando o microfone das mãos da repórter:

— Exatamente, minha cara, todos lutando pela ecologia.

— E o senhor representa qual abraço, quer dizer, qual comunidade? — perguntou ela, agarrando com força o microfone, que ameaçava abandonar suas mãos a qualquer momento.

— Represento todas. Eu sou o secretário de meio ambiente e vim prestar a minha solidariedade a essa manifestação.

— Qual das duas? — perguntaram ao mesmo tempo Brito e Cristina.

— As duas, é claro. O importante é a participação popular nas decisões do Estado democrático.

— Conversa fiada — disse Brito. Tu tá é em cima do muro.

— Também acho — falou Cristina, por fim concordando em alguma coisa com Brito.

— Quando tem eleição eles vêm aqui pedir voto, depois fica tudo em cima do muro. — Era o Brito novamente. E Cristina, pelo menos nesse aspecto, novamente concordava com ele.

— É isso mesmo. E de conversa fiada eu já ando cheia.

— Mas nós acreditamos que conversando chegaremos a um acordo que atenda as partes envolvidas — se defendeu o secretário, sem perder a pose de grande líder.

— Para de falar bonito e responde logo. A gente quer o fim do esgoto. Tu vai resolver ou não vai?

— Vou, é claro que vou.

— Ótimo, ótimo — agora era Cristina quem tomava a palavra e tentava tomar o microfone também. — E você sabe muito bem que pra acabar com o esgoto só tem uma solução, que é a remoção da favela para um bairro popular digno desse nome. Ou você vai continuar largando essas pessoas aí todas na miséria, vivendo em áreas de risco? — Mais uma vez ela gostou do que disse e repetiu:

— Isso mesmo: áreas de risco!

A essa altura as multidões se espremiam e os mais próximos prestavam atenção no que cada um dizia. De um lado se gritava: "Abraço na Lagoa". Do outro se cantava o *Rap da Água Mole*. As crianças, assustadas, já tinham se afastado do tumulto. Cristina viu os filhos na manifestação e tratou de fazer sinais, chamando os dois. Quando eles se aproximaram, ela reclamou, baixinho, pra ninguém notar:

— O que é que vocês estão fazendo aqui?

— Ué, *mother*, abraçando o problema — respondeu Rafael, dando um abraço na mãe.

Cristina se livrou do abraço e respondeu, o mais discretamente enfezada que podia:

— Não vem com gracinha, não, seu Rafael. Pensa que eu não sei quem fez essa música horrorosa que eles estão cantando? Pensa que são só vocês que voam na internet?

E Theo consertou:

— Mãe, ninguém voa na internet . A gente navega, mãe, navega.

Cristina queria responder, mas estava dividida entre aquela discussão e a outra, maior, em torno do microfone. Além disso, estava sendo empurrada. Viu que eram os dois seguranças do secretário, que empurravam Deus e o mundo pra manter um clarão em torno dele, da repórter, do câmera e do grupo que disputava o microfone. Ela voltou a concentrar sua atenção no secretário, enquanto Rafael, Theo, Giovana e Nilson se misturavam novamente na multidão, junto com os outros colegas do Ateneu. Agora o microfone estava nas mãos do secretário.

— Vejam bem, nós vamos compartilhar experiências. A estação de tratamento de esgoto do condomínio, por exemplo...

— Por exemplo, lá ninguém entra — interrompeu Cristina, puxando o microfone com a mão por cima da mão do secretário. — Aquilo é propriedade privada do condomínio, construída com o suor do nosso trabalho.

— Exatamente — continuou o secretário, agora com as duas mãos no microfone e ainda sendo ajudado pelos seguranças. — O que eu quero dizer é que há ali um ótimo exemplo.

— Beleza — era a vez de Brito empurrar a repórter e tentar pegar carona no microfone. — Tu tá dizendo...

O segurança cutucou a costela de Brito com o cotovelo e advertiu:

— Ele não é "tu". É "vossa excelência".

— Que seja — continuou Brito. — Mas a vossa excelência aí vai construir uma estação de tratamento de esgoto igualzinha pra favela, certo?

— Certíssimo. Vamos à Assembleia Legislativa propor um projeto de lei nesse sentido. E propor também um aporte suplementar de verbas para este fim.

— Ih, complicou. Até isso tudo aí acontecer eu já morri.

— Morreu envenenado pela água podre dessa lagoa — emendou Cristina. — O projeto tem que ser para a criação de um bairro popular. Tem que reservar uma área para isso. Terreno baldio do Estado é o que não falta nessa cidade.

— Chega de conversa fiada. Eu quero é saber o que tu, quer dizer, a vossa excelência aí vai fazer em relação a esse problema, e não é daqui a um mês, um ano, não. É amanhã mesmo, segunda-feira: vai fazer o quê?

— É! O quê? — era Cristina, mais uma vez concordando com Brito.

— Amanhã, não. Vou fazer hoje mesmo. Nós estamos abrindo inscrição para que os trabalhadores da comunidade façam a coleta dos peixes. E é agora!

— Coleta de peixe morto, meu irmão? Tu tá me achando com cara de lixeiro? Ou pior: de coveiro de peixe? — disse Brito, fechando a cara.

— Ué! — interviu Cristina — na hora de envenenar os peixes nenhum de vocês teve problema nem ficou com nojinho. Mas na hora de limpar some todo mundo. Bonito, não é?

— E a madame aí vai catar o peixe morto?

— Eu não! Não fui eu que matei.

— Bom, a gente pode trabalhar de lixeiro, sim, ô vossa excelência. Mas rola um dinheirinho nisso aí?

— Eu pago do meu bolso! — bradou heroicamente o secretário, recebendo uma salva de palmas puxadas pelos seguranças. Logo em seguida os dois improvisaram uma mesinha para anotar os nomes de quem queria se inscrever como gari de peixe morto. O tumulto diminuiu e finalmente a repórter conseguiu segurar sozinha o seu microfone. Descabelada, ela perguntou:

— Ei, gente: e o abraço na Lagoa?

Mas as duas multidões começavam a ir embora. E ela só teve mais uma frase para fechar sua reportagem:

— É uma beleza!

9

(GIOVANA NÃO VACILA: RESOLVE!)

O que adiantou essa passeata? Esse pessoal do condomínio não sossega enquanto não expulsar a gente daqui, isso sim. O professor Nilson acha que querem construir outro condomínio no lugar da favela. É a tal da especulação imobiliária. O Brito diz que ninguém tira ele do morro. O Brito fala demais. Meu pai acha que se um poderoso decidir, a gente tem que sair. Meu pai fala de menos. Mas ele já passou por isso quando era criança. Ele e meus avós viviam numa favela lá no centro da cidade. Houve um incêndio. Disseram que foi criminoso, mas nunca se provou nada. "Também não se investigou", disse meu pai. Aí decretaram que não havia

(MANTENHA A DISTÂNCIA: THEO MEDITANDO)

O grande historiador Heródoto disse que o Egito é uma dívida do Nilo. Ou não foi bem isso que ele disse? Uma dúvida? Claro que não, mas que cabeça! Ele disse que o Egito é uma dádiva do Nilo. O Egito é um deserto, mas o Nilo nasce no centro da África e desce até banhar todo o país. Em julho e agosto suas águas transbordam e causam a mortandade de peixes na lagoa. Não. Já tô eu misturando as histórias. As águas fertilizam o Nilo, criando uma ampla faixa de terra negra onde os peixes morreram, quer dizer, onde a agricultura se desenvolveu. O Nilo era considerado como um Deus e esse Deus se chamava Cristina Fonseca. Era um Deus muito autoritário e segurança pra eles continuarem morando lá. Todo mundo teve uma semana pra tirar suas coisas e se mandar. Depois chegaram os tratores com correntes de aço e botaram todos os barracos no chão. E eles vieram morar do lado dessa lagoa linda. Só que era um fim de mundo, sem escola, posto de saúde, luz, nada. Botaram uma linha de ônibus, com um ônibus só, caindo aos pedaços, que levava o pessoal até a estação do trem. De lá é que as pessoas conseguiam uma condução pra cidade. No total, dava quase três horas até o centro. E agora, com o esgoto? Também vão dizer que aqui não tem segurança? Qual vai ser o incêndio e o trator, dessa vez?

que acusava os egípcios, ou pelo menos um deles, de ter se passado pro outro lado. "Que outro lado?" — queria saber o egípcio. "O outro lado do rio?" "Não", bradou o Deus, "o lado do inimigo. Você se passou para o lado do inimigo, egípcio miserável! Mas a minha ira cairá sobre você, infiel!" O egípcio ainda tentou ponderar: "ô Deus, esse negócio de lado não existe", mas quem disse que o Deus o escutou? Não! O Deus se enfureceu ainda mais e saiu apressado e batendo a porta. O Deus está sempre apressado para chegar no escritório. São muito temperamentais esses deuses do Antigo Egito, a dádiva do Nilo.

Theo e Giovana vinham caminhando pela beira do mar, cada um de um lado da praia, cada um carregando seus pensamentos debaixo do braço, até que se avistaram. E já estavam tão próximos que não havia como virar pro outro lado ou fingir que um não tinha visto o outro. Um pouco sem jeito, se cumprimentaram.

— Você também tava na manifestação, né? O que foi aquilo, cara?

— Pois é. Em vez de abraçar a lagoa as pessoas quase saíram no tapa. Tá todo mundo doido, não tá não?

— Todo mundo não, né? O teu pessoal lá do condomínio é que tá pegando pesado. De que lado você está, afinal?

— Ih, você também com esse papo de lado? Tá falando igual à minha mãe.

— Você tá me comparando com a tua mãe, aquela megera...

— E você tá chamando a minha mãe de megera...

— E ela não é, não?

— E você não tá falando igualzinho a ela, não?

Os dois se calaram, se olharam e começaram a rir. Depois pararam e respiraram fundo. A primeira a falar foi Giovana:

— É, tá todo mundo doido mesmo, a começar pela gente.

— Estamos falando mal deles e falando que nem eles.

— Sabe, aquele dia lá na quadra...

— Tudo bem, eu também...

— O problema é a rede...

— A de vôlei?

— Também, mas agora eu tava pensando é na rede de esgoto.

— Eu falei pra minha mãe, por que a gente não divide a estação de tratamento com a favela? Ela deu uma gargalhada e me mostrou as contas do condomínio, quanto foi investido pra construir tudo aquilo, quanto custa por mês o funcionamento da estação, tudo.

— É sempre a grana, né?

— Sempre.

— Será que não existe um jeito de fazer uma estação de tratamento mais barata? Ainda não inventaram uma estação pra pobre, não?

Os dois riram novamente.

— Eu nem sei como funciona essa estação. Moro no condomínio, mas nunca fui lá. A gente só quer saber de dar a descarga. Pra onde vai tudo? Que se dane!

— E como será que funciona essa tal dessa estação?

10

Como eu já disse lá no capítulo quatro, a estação de tratamento de esgoto do Condomínio *Diador's Beach Tower* é uma construção de cimento, com corredores, escadas, tanques, filtros e canos pra todo lado. Também falei que, para quem entra ali pela primeira vez e sem ser convidado, ela pode parecer um labirinto. E contei ainda que o Theo anda pelos corredores esperando não encontrar nenhum Minotauro e nenhum segurança e sem saber muito bem o que procura. Abre e fecha portas. E, por fim, revelei que, de um outro corredor, Giovana vê o colega de turma.

Mas agora ficamos sabendo que os dois entraram juntos ali. E que foram para lá depois de se encontrarem na praia. E mais: que, juntos, eles procuram entender como funciona a estação e, quem sabe, descobrir um jeito de criar uma estação de tratamento de esgoto para a favela.

Mas o que ninguém sabe ainda, nem Theo nem Giovana, é a causa de tanto silêncio dentro da estação. Seria possível ouvir uma gota d'água caindo num daqueles tanques. Mas não se escuta o barulho dos tanques, dos filtros filtrando tudo, do esgoto passando pelos canos e sendo tratado até virar água limpa e consumível. Não, não se escuta nada disso. Não se escuta nem uma gota caindo.

Se escuta somente o silêncio de uma estação de tratamento de esgoto completamente desligada.

E agora também se escuta os passos de um segurança, desconfiado de que alguém entrou ali sem ser autorizado. Theo e Giovana, assustados, se abaixam atrás de um tanque e esperam o segurança entrar, olhar tudo em volta e sair. Com um dedo nos lábios, os dois fazem o tradicional sinal de silêncio um para o outro e tratam de sair dali, o mais rápido possível.

Do lado de fora e já se achando em segurança, os dois pensam no que acabaram de ver.

— A estação está desligada, Giovana. Ela simplesmente não funciona. Sabe o que isso significa?

— Sei. Todo o esgoto do condomínio está sendo jogado na lagoa, sem tratamento nenhum.

— Mas não é só isso, não.

— Eu sei. Significa que o condomínio polui tanto quanto a favela. Só que de propósito.

— Mas não é só isso, não, Giovana, não é só isso, não. — Theo insistia naquela frase.

— Eu não tô entendendo. O que mais que isso significa, Theo?

— Que a minha mãe é a responsável por isso.

Os dois se calam e se olham, sem saber o que dizer e sem nem notar que estão sendo observados pelo segurança.

A água é formada por duas moléculas de hidrogênio e uma de oxigênio. A zero grau, ela se transforma em gelo. A cem graus, ela ferve. Com o calor, a água evapora dos rios, das lagoas, dos mares. Com o desperdício, a água evapora das torneiras.

Há muitas formas de vida na água. Desde micro-organismos, como algas, até anfíbios, mamíferos, répteis e peixes, é claro. Acarás, savelhas, manjubinhas. Essas, por exemplo, são algumas das espécies de peixes que vivem nas águas da Lagoa de Diadorim. Agora mesmo podemos vê-los, boiando de barriga pra cima. São os primeiros a morrer.

Os rios correm para o mar. Mas não apenas eles. Doze mil litros de esgoto doméstico e industrial, sem tratamento, correm por segundo para a Baía da Guanabara, no Rio de Janeiro.

Nos oceanos, existe uma grande quantidade de sal misturado à água. Na beira dos oceanos existe uma grande quantidade de seres humanos misturados à água. No fundo dos oceanos existe um chão de areia misturado à água. Será o anúncio de um novo deserto?

Marte é um deserto? Novo ou antigo? Segundo o robô Curiosity, já existiu água em Marte. E pode ter havido algum tipo de vida por lá. Mas Curiosity também afirma que hoje não há mais água no planeta vermelho. E garante que, sem água, não há vida. Para onde foi a água em Marte? E a vida que havia por lá? A curiosidade de Curiosity ainda não descobriu.

11

— Alô, Theo? É a mamãe. Preciso falar com você, filho. Me liga, tá?

Na tela do celular, eles viam pela décima vez o labirinto com os vários corredores, cheios de escadas, tanques, filtros enormes e canos pra todo lado. E cheios de silêncio. E Theo ainda se sentia perdido dentro daquele labirinto. Giovana insistia com ele:

— Theo, a gente tem que mostrar esse filme pras pessoas.

— Eu não consigo, Giovana. Minha mãe já veio com esse papo de inimigo só porque eu e o Rafael estávamos na passeata junto com vocês, lá da favela.

— Mas, Theo, isso é muito sério.

— Não precisa você me dizer que é sério. É claro que eu sei.

— Se você sabe, o que você está esperando?

— E se fosse teu pai, Giovana? E se fosse teu pai?

— Theeeo! Mamãe de novo. Onde você está, filho? Preciso falar com você urgente, urgentíssimo, tá bom? Me liga, filhote!

— Ô Brito, que história é essa, Brito?

— Isso não é história, Serjão, isso é a realidade. Tá vendo esse dinheiro aqui? É real, ao contrário dessas historinhas que você, o Alfredo e mais não sei quem vivem aí contando. E é dinheiro ganho honestamente, com o meu trabalho.

— Tá bom, Brito. Mas daí à gente desistir de lutar por uma solução...

— Ô Serjão, eu luto por uma solução quando eu não tenho nenhuma. Se eu já tenho uma solução, pra que eu vou largar ela de mão e sair atrás de outra, que eu nem sei se vou conseguir? Quer dizer: que eu tenho certeza que **NÃO** vou conseguir. **NÃO** vou.

— A gente vai conseguir o tratamento do esgoto.

— E vai brigar com esse pessoal do condomínio e vai ganhar deles? Rá, rá! Pois sim! E pra que eu vou comprar uma briga dessas?

— A gente faz o quê, então?

— Deixa esses peixes morrerem em paz!

— Você tá doido, Brito?

— Eu? Nunca estive tão lúcido. Raciocina comigo. Tem peixe bom e vivo? A gente pesca, vende, ganha dinheiro com isso e fica todo mundo feliz. Tem mortandade de peixe? Quem quiser faz passeata, quem quiser protesta. Mas a gente cata os peixes mortos, joga fora, ganha dinheiro com isso e fica todo mundo feliz.

— Mas isso não faz sentido, Brito.

— Faz, sim. O secretário tá lá pagando. Então, Serjão, eu só te peço uma coisa: deixa esses peixes morrerem em paz!

— Theo, será possível que você não me responde? Eu preciso falar com você. Que história é essa de você e não sei mais quem invadirem a estação de tratamento do condomínio? Você não sabe que ali só pode entrar gente autorizada? O que você foi fazer lá, Theo? No que você tá se metendo, meu filho? Quer fazer o favor de me ligar?

— O meu pai não ia se meter numa confusão dessas, Theo.

— Ué, você não me falou que tem a história estranha lá da morte da tua mãe, que ele não fala? Sabe lá o que existe no meio dessa história?

— Não seja maluco, Theo. Você acha o quê? Que meu pai matou minha mãe, por acaso? Agora, essa história da estação não funcionar, não dá pra defender a tua mãe, né?

— Por que não? Eu não sei o que tá acontecendo ali. Não posso sair logo acusando. Vai ver a estação precisou ser desligada só por um tempo. É um conserto. Por que não?

— Ótimo, Theo, se for só isso, a tua mãe explica e fica tudo resolvido. É ou não é?

Diante do silêncio de Theo, Giovana insistiu:

— É ou não é?

Mas Theo continuou calado.

— Brito, eu represento essas pessoas daqui da favela.

— É claro que representa, Serjão. Tu acha que eu tô falando o contrário disso? Tu representa essas pessoas. E o que tu acha que essas pessoas querem? Querem dinheiro pra pagar as contas no final do mês. Querem emprego, Serjão. E é disso que eu tô falando. O tal do secretário me prometeu que vai arranjar duas vagas na Assembleia, Serjão. Duas vagas, Serjão! É emprego público, meu amigo. Ninguém te tira de lá. E eu não quero bagunça, não. Eu vou lá pra trabalhar. Tu me conhece há quantos anos? Já me viu alguma vez correr de trabalho? Fugir de compromisso?

— Não, Brito, nunca vi, não. Mas você já tá acreditando nas promessas dele?

— Ué, é melhor do que acreditar nas tuas. Não me leva a mal, não, mas ele tem muito mais cacife que você. — Brito mostra dois dedos para Serjão e repete:

— Duas! Duas vagas!

— Theo, eu não estou de brincadeira. Pela última vez: quer fazer o favor de ligar pra mim!

Theo olhou o celular, viu que era a mãe mais uma vez. Não atendeu. Ele e Giovana se levantaram de suas cadeiras e pediram ao Nilson para mostrar um vídeo muito importante. Em seguida, apagaram as luzes da sala e fecharam as persianas.

12

As imagens não eram muito nítidas, mas deu pra turma ver perfeitamente que a estação de tratamento de esgoto do Condomínio *Diador's Beach Tower* estava desligada. Depois do filme, uma grande discussão tomou conta da sala, com várias opiniões a respeito do que significavam aquelas imagens. Uns diziam que algum problema tinha acontecido na estação e era preciso saber qual. Outros garantiam que o desligamento da estação com certeza era a causa da mortandade de peixes. Havia ainda quem dissesse que uma coisa não tinha nada a ver com a outra. Nilson tentava organizar a conversa, mas estava difícil. Até que Bruno se levantou e falou:

— Ué, se tem alguém aqui que pode esclarecer direitinho esse problema é o Theo.

— Por quê? Só porque foi ele quem filmou? — interrompeu Felipe, lá do fundo da sala. E antes que Bruno conseguisse retomar a palavra, Amanda também se levantou:

— Não foi só ele que filmou. A Giovana também estava lá.

— O fato de eles terem filmado não quer dizer que eles saibam mais do que qualquer um de nós — Nina emendou. E a discussão já ia virando outro bate-boca.

— Calma aí, gente. Um de cada vez senão ninguém se entende — disse Nilson, tentando dar alguma ordem no debate. E completou:

— Bruno, termina o teu raciocínio.

— Meu raciocínio é muito simples. Quem pode esclarecer esse problema é o Theo, não é porque ele filmou ou deixou de filmar, sozinho ou junto com a Giovana. É porque a mãe do Theo é a síndica lá do *Diador's*. A chave da estação de tratamento tá na bolsa dela. Se aquilo lá funciona ou não funciona com certeza é por ordem dela.

E o Felipe completou:

— E aí, Theo? Além de pedir pra acabarem com a favela, tua mãe também mandou desligar a estação de tratamento?

— *Caraca*! A *veia* é poderosa! — alguém falou lá do fundo da sala, provocando uma gargalhada geral.

13

— Theo, eu não acredito que você fez isso comigo. Eu sou sua mãe, Theo.

— Ô mãe, pela milésima vez: por que você não me explica o que tá acontecendo?

— Porque não está acontecendo nada.

— Bom, se não está acontecendo nada, você não tem que ter medo de nada, nem me cobrar coisa nenhuma.

— Eu não posso estar escutando uma coisa dessas da boca do meu próprio filho!

— Mãe, deixa de fazer dramalhão.

— Dramalhão, eu? Eu, dramalhão? Você é um irresponsável que tá me metendo numa enrascada enorme e eu é que tô fazendo dramalhão?

— Caramba! Então me explica que enrascada é essa.

— Isso não é da sua conta. É assunto de adulto.

— Mãe! Mãe! Pelo amor de Deus! Eu tenho 16 anos, mãe. Para de me tratar como se eu tivesse dez.

— Dez? Pelo que você fez, a tua idade mental não chega nem aos seis anos.

— Você tá pegando pesado.

— Ah, eu é que tô pegando pesado? E você, tá fazendo o quê? Pegando levinho, é? Sabe o que você fez? Você traiu a confiança que eu tinha em você. Theo, você...

— Mãe... — E Theo tenta abraçá-la. Mas Cristina se desvencilha dele.

— Você imagina o que essa gente aqui do condomínio vai fazer quando souber da divulgação do teu vídeo na escola, seu... seu traidor?

14

**C. E. — COMUNICADO EXPLICATIVO — Nº 145
DO CONDOMÍNIO *DIADOR'S BEACH TOWER***

Prezados Senhores Condôminos,

Pela presente, venho comunicar que uma vez mais nossa comunidade se vê atacada por um problema que quer se mostrar muito grave, porém que na verdade é de fácil entendimento e mais fácil ainda solução: o desligamento temporário da estação de tratamento de esgoto do nosso condomínio. Não é necessário ir ao local constatar o fato, pois a estação já está em processo de religamento, com todos os procedimentos necessários sendo providenciados.

Porém, se alguns moradores ainda insistem em divulgar versões tentando provar a improvável tese de que o desligamento é uma política adotada pela atual administração, que tem a minha pessoa à frente, também nós insistiremos em combater tal versão e não permitiremos que ela se passe por verdade. Para sanar de vez tal problema basta que nossa comunidade se debruce com seriedade sobre a questão. E constatará facilmente a sua causa. Ora, por que ficou desligada — temporariamente, volto a insistir — nossa estação? Porque ela necessitava de reparos que não podiam mais ser adiados, sob pena de comprometer a qualidade da água de todo o nosso condomínio, o que seria uma atitude irresponsável, que esta administração jamais se permitiria ter.

E se sabemos qual é o problema, podemos também saber a solução. É simples: o religamento da estação supracitada, já resolvidos os consertos que, conforme explicado nos parágrafos acima, se fizeram mais do que necessários, inadiáveis. E a comunidade do *Diador's Beach Tower* não pode de maneira alguma se furtar a tomar as decisões acertadas para combater seus problemas.

Por isso emitimos este C. E. — Comunicado Explicativo — de nº 145, tendo a certeza de que assim sanamos os problemas surgidos. De qualquer forma, estamos marcando uma AEPE — Assembleia Extraordinária Para Esclarecimentos — a se realizar aos vinte e três dias do mês de agosto, quarta-feira próxima, às 20 horas, em primeira e única convocação, com qualquer número de presentes, já que pelos nossos novos estatutos recentemente aprovados o caráter extraordinário dispensa a necessidade de quórum, com o seguinte tema de pauta:

— NOVOS ESCLARECIMENTOS QUE PORVENTURA SE FAÇAM NECESSÁRIOS, SE ALGUÉM AINDA NÃO TIVER CONSEGUIDO ENTENDER OS PRIMEIROS ESCLARECIMENTOS.

Subscrevo-me atenciosamente,
Cristina Fonseca — Síndica

15

Com a folha de papel na mão, Giovana repetiu as últimas palavras do comunicado:

— Cristina Fonseca, síndica.

Theo passou o tempo todo olhando ora pro chão, ora pro teto, ora pro infinito, pela janela da sala da casa de Giovana.

— O que você acha? Hein? O que você acha? — ela insistia.

Mas seu pai continuava calado e observando Theo atentamente. Por fim ele falou:

— O que eu acho não tem muita importância. Eu quero saber é o que você acha, Theo. Ou melhor, como é que você está se sentindo com isso tudo.

Theo continuava olhando pro chão, pro teto, pro infinito. E enquanto olhava, foi falando, como se fosse duas pessoas, uma que olhava e uma que falava. E as duas nem se conheciam.

— Minha mãe acha que eu sou um traidor. A Giovana acha que eu sou um herói. Meus amigos da escola? Uns acham que minha mãe não merecia um filho que nem eu. Outros acham que minha mãe é uma doida varrida, ou coisa pior, que eles não falam na minha frente, só quando eu saio de perto. Como eu estou me sentindo? Não sei. Como eu devia estar me sentindo?

— Mal. Eu no teu lugar estaria me sentindo muito mal — disse Giovana.

— Giovana! — Alfredo chamou a atenção da filha.

— É. Eu acho que é assim que se sente um traidor, filho de uma doida varrida.

— Você não é traidor e sua mãe também não é doida, Theo. Tira isso da cabeça, Theo.

— O senhor acha que eu não devo me preocupar?

— Não, não foi isso que eu quis dizer. Mas você não é um traidor. Você simplesmente pensa diferente da sua mãe. E ela também pensa diferente de você. O que não faz dela uma doida varrida.

— Mas pode fazer dela coisa pior do que isso. Ou não? — perguntou Theo.

— Pode, sim. E é pra isso que você tem que estar preparado. Esse folheto não é o final de uma discussão. Muito provavelmente é o começo. E a coisa ainda vai piorar. A coisa vai feder! — completou Alfredo.

16

Theo olhava ora pro chão, ora pro teto, ora pro infinito, pela janela do quarto do irmão. Giovana pegou o folheto e guardou na bolsa. Rafael comentou o que tinha acabado de escutar:

— Eita! A general botou a tropa na rua!

— Fala sério, Rafael!

— Isso é o mais sério que ele consegue falar — disse Theo, conseguindo botar um pequeno sorriso em seu rosto.

— É — continuou Rafael. — Eu tô falando sério, muito sério. Acho que isso é só o começo. Se vocês querem saber mesmo a minha opinião... a coisa ainda vai piorar. A coisa vai feder! — completou Rafael.

Giovana e Theo ainda não sabem, mas depois de amanhã pela manhã ele poderá voltar a pescar na Lagoa de Diadorim e ela poderá surfar nas ondas da Praia do Amarelo. Tomara que o mar esteja com muita vontade de ver a lagoa por quem se apaixonou, assim suas ondas se levantarão bem alto e Giovana e outros surfistas aproveitarão um bocado pra descer nas espumas desse amor.

As espumas das ondas do mar... Um mar, qualquer mar, também é feito desse líquido tão leve, que se desmancha na mão enquanto a pegamos e olhamos. Mas depois que a espuma se dissolve, ainda temos ali o mar, massa líquida que não se desfaz.

Ou se desfaz?

Pode um mar se desfazer? O Mar de Aral, por exemplo. Na verdade ele é um grande lago de água salgada, entre dois países distantes daqui: o Cazaquistão e o Uzbequistão. Mas há décadas que o Aral está morrendo. Tinha mais de 60 mil quilômetros e hoje talvez esteja reduzido a uns 20 mil.

O Aral está morrendo. Também morrem os grandes lagos salgados, os mares, os oceanos. Nós não acreditamos. Ou fingimos não ver. Mas lá estão eles, moribundos.

Nós, humanos, resolvemos que era importante plantar algodão nas margens do Aral. E desviamos a água dos rios que o formam para fazer grandes plantações. E fizemos. E não cansamos de proteger o algodão com quantidades enormes de pesticidas agrícolas. Ah, quanto algodão colhemos às margens do Aral.

Mas ele não resistiu. As florestas às suas margens não resistiram. Os rios que o formam não resistiram. E já havia sal em excesso na água. E o excesso de sal matou os peixes. E já havia pesticidas demais no solo. E o excesso de pesticidas matou as florestas. E contaminou a água. E contaminou aqueles que plantavam o algodão. E hoje muitos deles estão morrendo de câncer. Estão morrendo, como o Aral.

O Mar de Aral está morrendo. Está chegando o dia em que nenhum uzbeque, com um nome parecido com Theo, pescará em suas margens. E nenhuma cazaque, com um nome semelhante ao de Giovana, nadará em suas águas. Nenhuma onda se levantará bem alto no Mar de Aral.

17

(GIOVANA VACILA,
MAS RESOLVE)

(APROXIME-SE
LENTAMENTE:
THEO MEDITANDO)

— Beleza, a quarta começou bem. Praia liberada, água limpa. Se bem que isso não vai fazer nenhuma diferença pra mim. Eu tenho aula e nem tô a fim de ir à praia. É, mas não é bem isso. É que depois dessa confusão toda que se armou, é bem legal ver o problema se resolver. É. Mas quem disse que o problema se resolveu? Da onde eu tirei essa ideia? Eu, hein. Acordei meio confusa hoje. Tô até parecendo o Theo. Confusão é com ele mesmo. Aliás, coitado do cara, tá metido numa braba com a mãe. Até o irmão dele chama a mãe de general. É mole? É, mas agora deixa isso pra lá, né? Em plena quarta-feira e a praia tá aí... Mas que coisa! Já tô eu com

— Beleza, a quarta começou bem. Acabou a mortandade de peixes, a lagoa tá com água limpa de novo. E melhor ainda: liberada pra pesca. É o que eu queria fazer: pescar. Pena que eu tenho aula. Quer saber? Eu vou é pescar e ninguém vai me impedir.

— Acordei decidido hoje. Tô até parecendo a Giovana. Decisão é com ela mesma. Ela tem sorte, tem um pai bacana. E a mãe morreu. Que coisa. Acho que se eu passar pelo meu pai na rua, a gente nem se conhece. Em compensação, se eu passar pela minha mãe na rua hoje, acho que ela me atropela. Ontem, a gente nem se viu.

a praia na cabeça de novo. Ah, já que ela não sai da minha cabeça, eu bem que podia ir lá pegar umas ondas, né? Não, besteira. Que pegar onda que nada. Eu tenho aula. Onde que eu larguei a prancha mesmo?

É, vou pra beira da lagoa. Pelo menos lá não passa carro. Nem meu pai, eu acho. Onde que eu larguei minhas coisas de pesca mesmo?

Giovana e Theo caminham pelo canal que liga a lagoa ao mar. Cada um vai numa direção mas, quando se veem, acenam um para o outro e se aproximam. Ela carrega a prancha de *surf* e ele, a vara de pescar e um isopor com iscas e anzóis. Nem precisam dizer o que cada um vai fazer. Os dois estão matando aula naquele dia ensolarado e de águas calmas. Pelo menos no mar e na lagoa. Theo decide acompanhar Giovana até a Praia do Amarelo. Brinca, duvidando que ela saiba pegar onda mesmo. Giovana conta que começou a pegar *surf* bem pequena, com os surfistas ali da praia, e nunca mais parou. Quer dizer, de um ano pra cá praticamente parou, sim, porque precisa decidir o que vai fazer da vida.

— E o que você vai fazer da vida?

— Essa é uma ótima pergunta. Pena que eu ainda não tenha uma ótima resposta pra ela.

E os dois riem novamente. E seguem para a praia, onde Theo passa quase a manhã inteira vendo Giovana surfar. Quando ela sai da água definitivamente pergunta se Theo nunca pensou em surfar, vivendo desde garoto ali na beira da praia. Ele conta que bem que tentou, mas foram tantos tombos que acabou desistindo, incentivado até por seus professores. Giovana acha que o que faltou para ele foi um bom professor e se dispõe a ensiná-lo. Theo admite que é um cara um pouco confuso mas de uma coisa ele tem certeza:

— Não levo o menor jeito pro *surf*. Agora, você... você nasceu pra isso.

— Você acha isso só porque me viu pegando umas ondas?

— Não. É que você faz isso com uma alegria impressionante. É a tua vida que tá ali naquele mar.

— Nossa! Profundo como um oceano.

— Mas é sério, Giovana. Vamos pescar que eu vou te falar mais sobre isso.

— E quem disse que eu quero pescar?

— Eu. Eu hoje acordei decidido e falador. Vamos nessa que a lagoa e os peixes tão lá esperando a gente.

E os dois tornam a rir, enquanto seguem para a Lagoa de Diadorim. Theo leva Giovana para a ponta da pedra que se projeta dentro d'água, o seu lugar preferido para pescar. E faz todo o ritual de sempre, preparando as iscas e os anzóis, estudando o melhor lugar para jogar a linha. Só que dessa vez ele vai explicando seu ritual pra Giovana. E os dois seguem conversando, enquanto Theo pesca peixes-rei, cascudos, pintados e lambaris. Lá pelas tantas Giovana se aventura a pegar algum peixe. E na terceira tentativa pesca um pintado dos grandes.

— Putz, meu pai é que ia gostar de me ver pegando um peixe.

— Ele gosta de pescar?

— Gosta. Não sei como vocês nunca se encontraram por aqui. Volta e meia ele vem pra lagoa e passa horas pescando. Depois leva os peixes pra casa, frita e a gente come.

— É, eu costumava fazer isso também. Mas minha mãe deu de reclamar do cheiro de fritura que empesteia a casa e do peixe dessa lagoa, que não é confiável...

— É.

— Às vezes dá até vontade de jogar o peixe fora... É, tá decidido.

— Você vai jogar os peixes fora?

— É ruim, hein? Eu vou é levar pro teu pai fritar. Vamos nessa!

— Você hoje tá decidido mesmo, hein?

— Ô Theo, você precisava conhecer essa lagoa há 50 anos. Aí você ia ver o que é pescar, rapaz!

— Ih, pai, lá vem você com as suas memórias.

— Mas é verdade. Quando ainda tinha o mangue aqui, era peixe que não acabava, era marisco de todo tipo, não era só sururu que nem agora, que é a única coisa que essa criançada consegue pegar ainda no pedacinho que sobrou de mangue.

— Era bonito o mangue, seu Alfredo?

— Ô rapaz, era uma coisa linda. Aquelas árvores retorcidas, dando flor de todo tipo, de tudo que é cor. E passarinho? Minha nossa! Mangue é diferente de tudo, né? Mas a turma gosta mesmo é de areal, de praia. Um deserto com o mar na ponta. E cadê os bichos? Hã! Sumiu tudo. Cadê os jacarés-de-papo-amarelo? Sobrou só o nome na praia. Quer dizer, nem isso, só um pedaço do nome. Essa favela era tão bonita.

— Favela? Não é comunidade, seu Alfredo? — pergunta Theo, provocando o pai de Giovana.

— Agora todo mundo chama de comunidade, que é mais bonito. Acham que favela é uma espécie de xingamento. Pra mim, o nome da minha terra é favela, a Favela do Peixe-Rei. Olha que nome bacana! Mas deixa eu guardar minha boca pra comer peixe que é o melhor que eu faço. Quando eu começo a falar não paro mais, sabe, meu filho? A gente vai ficando…

— Ô pai, você não ia guardar a boca pra comer peixe?

— Deixa ele contar as histórias, Giovana. Eu gosto de ouvir.

— E a gente vai ficando velho é pra contar história. Ou vocês acham que ficar velho só por ficar velho é bom? É ruim, hein?

Os três riram, comeram mais do peixe que Theo pescou e Alfredo fritou, continuaram conversando fiado e rindo e lembrando. Lá pelo meio da tarde, alguém veio subindo a ladeira da favela onde ficava a casa de Giovana. Era Rafael. Theo achou estranho o irmão aparecer ali. Foi logo até a janela e acenou para ele. Rafael acenou de volta.

— Ê, maninho, veio fritar teus peixes num lugar mais tranquilo que o fogo lá em casa tá muito alto, né?

Todo mundo riu, Rafael foi entrando e se apresentando. Alfredo logo deu um prato com peixe pra ele.

— Aproveita o fogo brando e come um peixinho também.

— É, vou aproveitar o fogo brando mesmo porque lá pelas nossas bandas o incêndio aumentou pra cacete. Eu não falei que a coisa ia feder?

E Rafael tirou do bolso da bermuda uma folha de papel que desdobrou e entregou para Theo. Giovana e Alfredo esticaram o pescoço. E os três leram:

18

Caros Condôminos,

Reunidos em caráter extraordinário, nos vinte e dois dias do mês de agosto, terça-feira, nós, moradores deste condomínio, decidimos pela destituição imediata e em caráter irrevogável da síndica Cristina Fonseca, por ter ela ferido as mais diversas regras estabelecidas na nossa Convenção, desde as que delimitam as atribuições do síndico até as que estabelecem as corretas prestações de contas. Os advogados responsáveis pela gestão condominial já estão de posse de todo o material necessário para a averiguação dos fatos ocorridos, assim como das medidas cabíveis dentro da lei.

Por ora, decidimos pela criação de uma Comissão de Funcionamento, para que o Condomínio não fique sem ninguém responsável por ele. Formam esta Comissão:

Sr. Sergio Alfonso de Souza, ap. 302, Bloco Van Gogh;

Sra. Helena Dantas, ap. 1304, Bloco Galileu Galilei;

Sra. Flor de Krishna da Silveira, ap. 406, Bloco Papa Leão XIII;

Sr. Hector Kandera, ap. 208, Bloco Domingos da Guia, o Divino.

Salientamos que todas as medidas tomadas na reunião, como a própria convocação desta, obedeceram as regras estabelecidas por nossa Convenção. Seguiremos informando a todos os condôminos os próximos passos a serem dados.

Atenciosamente,

Comissão de Funcionamento

19

Depois de ler a circular do condomínio, Theo e o irmão resolveram procurar a mãe. Se despediram de Giovana e de Alfredo e voltaram pra casa. Mas Cristina não estava lá nem atendia o celular.

Onde estaria a mãe?, pensavam os dois.

Cristina estava no apartamento 406, do Bloco Papa Leão XIII, onde mora a Sra. Flor de Krishna da Silveira. Flor de Krishna e os outros membros da Comissão de Funcionamento mostram à ex-síndica Cristina Fonseca as consequências graves de seus atos, inclusive em termos jurídicos e até mesmo penais.

— Penais! — ressalta um deles.

E, em seguida, fazem todos uma única e mesma pergunta à Cristina:

— Por que você desligou a estação de tratamento?

A construção de cimento, com corredores, escadas, tanques, filtros e canos pra todo lado ainda está em silêncio. Mas, no minuto seguinte, já se pode ouvir uma gota d'água caindo num daqueles tanques. E, logo em seguida, o barulho dos tanques, dos filtros filtrando tudo, do esgoto passando pelos canos e sendo tratado até virar água limpa e consumível.

Por fim, se escuta todo o ruído de uma estação de tratamento de esgoto funcionando a todo vapor.

Cristina conta que não foi a única na região a desligar a estação. Vários síndicos de vários condomínios fizeram o mesmo. No caso do *Diador's Beach Tower*, ela aplicou o dinheiro economizado em benfeitorias. E mostra as planilhas de custo e o que realizou. A academia de ginástica. O cinema. A reforma dos salões de festa. A sauna…

— Não é pouca coisa — diz ela.

— Não é pouca coisa — comenta a Comissão.

Mas e a estação?

Cristina conta que, assim que soube que estava demitida, cometeu uma última ilegalidade: embora já não fosse síndica, providenciou o imediato religamento da estação.

— Neste exato momento, a água de todo o Condomínio *Diador's Beach Tower* que está sendo despejada na lagoa é límpida e clara como... como água! — diz ela, rindo e provocando risos em todos os presentes.

20

Já eram dez da noite e Theo e Rafael continuavam sem notícias da mãe. Viram vestígios da passagem dela pelo apartamento, não sabiam a que horas. E ela continuava sem atender o celular. Quando os dois resolveram sair para dar uma busca pelo condomínio, a porta da sala se abriu e Cristina chegou junto com um motoboy. Os dois vinham carregando várias embalagens que foram colocando sobre a mesa da sala, enquanto Cristina anunciava:

— Jantar japonês pra nós três.

— Mas você nem gosta de comida japonesa, mãe — disse Theo.

— Meu filho, depois do que eu já engoli nos últimos dias, peixe cru é o de menos — falou Cristina, dando uma gargalhada. — Vamos lá, um jantar em família.

Ela parecia genuinamente alegre e bem disposta, mas os filhos foram ajudando a pôr tudo na mesa e depois foram se sentando ainda meio ressabiados.

— Você não está mais zangada com a gente, não?

— Claro que eu tô, Theo. Mas não vou deixar isso estragar nossos jantares. Eu pretendo jantar com vocês por muitos anos ainda, viu? E se tem uma coisa que eu tô aprendendo é que a gente perde muito tempo se aborrecendo. A vida é curta, meus filhos. Pelo menos pra mim, que já tô com 35.

— De advocacia, né? — comentou Rafael. Theo arregalou os olhos, achando que a mãe ia dar um ataque, mas ela se limitou a rir e comentar:

— Ai, Rafael, eu tinha esperança que você desse um bom advogado, até pra pegar minha clientela, ser meu herdeiro, que o Theo eu nunca achei que fosse por esse caminho. Essas coisas que as mães pensam. Mas já me conformei. Você vai ganhar a vida sendo humorista, não vai, filho?

— Você acha? — respondeu perguntando o caçula.

— Acho, sim. E acho mais: vai ser um desperdício se você não fizer isso.

Enquanto conversava bem-humorada, Cristina ia provando a comida japonesa e fazendo caras e bocas a cada peixe que molhava no Shoyo e mastigava. Enquanto comiam, conversavam amenidades e riam, Theo pensava num jeito de falar o que não saía de sua cabeça. Acabou decidindo entrar direto no assunto. (Theo nunca estivera tão decidido na vida quanto naquela quarta-feira.)

— Mãe, e aí?

— E aí que o tal do peixe cru nem é tão ruim assim, sabe?

— Não, mãe. Eu tô falando do condomínio.

— Ah, o condomínio! Ué, vocês não sabem? Graças à divulgação do vídeo mostrando a estação de tratamento desligada, eu fui demitida.

— A gente sabe, mãe — Rafael entrou na conversa. — A gente leu a circular. Mas não ficou só nisso, ficou?

— Claro que não. A tal da Comissão de Funcionamento me chamou para... como é que eles disseram mesmo? Ah, — e Cristina empostou a voz como um locutor de telejornal — "para a averiguação de todos os fatos ocorridos, assim como das medidas cabíveis dentro da lei".

— Eles vão te processar? — perguntou Theo.

— É, eles bem que queriam. Bem que queriam. Mas, meus filhos, ouçam o que mamãe diz: ainda está pra nascer quem vai processar Cristina Fonseca! — e deu uma gargalhada que os filhos estranharam mais ainda.

— Eles querem te processar e você ainda tá rindo? — estranhou Rafael.

— Já resolvi tudo, não se preocupem. Negociei muito bem negociado com a Comissão e fui severamente punida. Estou impedida de me candidatar a qualquer cargo no condomínio pelo prazo de três, três anos! Com tantos inimigos que eu tenho aqui dentro, acho que saí no lucro.

— Que tantos inimigos são esses?

— Ah, a lista é grande, deixa pra lá. Tá bom, vou citar só dois: o autor de um *rap*, que eu acho que se chama *Rap da Água Mole*, ou coisa que o valha, e o autor de um vídeo, uma espécie de documentário sobre o funcionamento das estações de tratamento de esgoto. Esses dois me ferraram mesmo. E todo mundo foi nas águas deles. Sabem como é, artista sempre comove o público.

Theo e Rafael olhavam para a mãe. Ela voltou a comer peixe cru. E parecia genuinamente alegre.

— Você não tá furiosa com a gente? — insistiu Theo.

— Eu? Bom, já estive, mas levei tudo pra minha terapia e estou lidando muito bem com a coisa toda. Pelo menos eu acho. Nessa questão do condomínio, vocês dois são meus inimigos, certo?

— Não, mãe, a gente pode discordar, mas nós somos seus filhos.

— Sim, é claro, mas não deixam de ser meus inimigos. É só olhar o que vocês fizeram e as consequências pra chegar a essa conclusão. E, sinceramente, é uma conclusão sem drama. Ah, sem dramalhão, como outro dia você falou que eu estava fazendo, Theo.

— Esquece isso.

— Não, que esquece o quê! Eu tava fazendo dramalhão mesmo. Mas chega. Como eu disse, vocês são meus inimigos, sim. E continuam sendo meus filhos, sim. Então, eu posso dizer que vocês são... os meus melhores inimigos. São inimigos que eu gosto mais do que a maioria dos meus amigos. São inimigos que eu amo.

— Eu acho que isso não faz sentido — disse Rafael, rindo.

— Talvez não faça. Mas, como eu já disse, a vida é curta, meus filhos. Pelo menos pra mim, que já tô com... 38 e não se fala mais nisso, tá bom assim? A mamãe aqui já resolveu tudo. E ainda vou resolver muito mais.

E tornou a soltar uma gargalhada, enquanto molhava mais um peixe cru no molho Shoyo e levava à boca.

21

(Beira da praia, quinta-feira, dez pras sete da manhã. Giovana responde pra Theo.)

— Melhor inimigo? Essa tua mãe é muito doida, né não?

(Sala de aula, quinta-feira, dez e meia da manhã. Bruno responde pra Giovana.)

— Pô, Giovana, lá vem você com essa conversa de novo! Tá, a estação tá funcionando, mas a turma do condomínio não vai dividir aquilo com ninguém. Vai por mim, eu moro lá. E acho que não é pra dividir mesmo não. Cada um cuida de si, né não?

(Sala da coordenadora da Escola O Ateneu, quinta-feira, dez e trinta e cinco da manhã. A diretora responde para a ex-síndica Cristina Fonseca.)

— Eu sei que discutir o funcionamento da estação de tratamento de um condomínio privado não está no currículo e que a senhora se sente prejudicada e pode até processar a escola, mas isso não é motivo para eu demitir o professor de geografia.

(Beira da praia, quinta-feira, sete e cinco da manhã. Theo responde pra Giovana.)

— Eu vou é desistir desse assunto de uma vez e acabar com essa história. Sinto muito, Giovana, mas, pô, no dia a dia, eu já não tenho pai, ainda vou correr o risco de ficar brigado com a minha mãe? É brabo, né?

(Sala de aula, quinta-feira, vinte pras onze da manhã. Nina responde a Theo.)

— Porque eu acho que quem tem que cuidar do esgoto da favela é o governo, o Estado. Se a gente vai falar com alguém, por que não fala logo com o governador?

(Sala da coordenadora da Escola O Ateneu, quinta-feira, dez para as onze da manhã. A diretora da escola responde para a ex-síndica Cristina Fonseca.)

— O tema é a crise ambiental no nosso planeta e está nos parâmetros curriculares do Ministério da Educação. Eu posso lhe enviar por e-mail.

(Beira da praia, quinta-feira, sete e quinze da manhã. Theo responde pra Giovana.)

— É, eu me sinto mal, mas não adianta fingir que concordo com ela, né?

(Sala de aula, quinta-feira, onze da manhã. Theo responde a Felipe.)

— Eu apoio a proposta da Giovana e o que a Nina disse aí, sim. Vamos falar com o governador, o prefeito ou sei lá quem. Quem for responsável por esse assunto, ué.

(Sala da coordenadora da Escola O Ateneu, quinta-feira, onze e dez da manhã. A diretora responde para a ex-síndica Cristina Fonseca.)

— É, eu sei que o porteiro aqui da escola esteve na sala, junto com a senhora. Mas dizer que ele insuflou a turma a defender a favela é um pouco de exagero, a senhora não acha?

(Beira da praia, quinta-feira, sete e vinte da manhã. Giovana responde pra Theo.)

— Não sei se é uma boa ideia. Meu pai ir lá conversar com a tua mãe?

(Sala de aula, quinta-feira, onze e vinte da manhã. Nilson responde a Amanda.)

— Vamos botar as três propostas em votação. A que ganhar a gente vai e faz. Eu não conheço nada mais democrático. Alguém aí conhece?

(Sala da coordenadora da Escola O Ateneu, quinta-feira, onze e meia da manhã. A diretora responde para a ex-síndica Cristina Fonseca.)

— Sim, eu já soube que muitos pais da turma concordam com a senhora, mas ele é nosso funcionário há muitos anos. É, mas não devia ter participado do debate e muito menos insuflado os alunos, principalmente o seu filho. Nesse ponto acho que nós estamos de acordo.

(Beira da praia, quinta-feira, sete e vinte e cinco da manhã. Theo responde a Giovana.)

— Ótimo, então você vai falar com ele depois da aula, né?

(Sala de aula, quinta-feira, onze e quarenta da manhã. Bruno responde a Nilson.)

— Ah, sinceramente, *teacher*, eu gosto mais de democracia quando sou eu que venço.

(Sala da coordenadora da Escola O Ateneu, quinta--feira, cinco para meio-dia. A diretora responde para a ex-síndica Cristina Fonseca.)

— Calma, dona Cristina, calma. Seu filho é um bom aluno, um rapaz com a cabeça no lugar. Ou quase, como a senhora disse.

(Praça da Concórdia, onde fica a Escola O Ateneu, no começo do canal que liga a Praia do Amarelo à Lagoa de Diadorim, quinta-feira, meio-dia.)

Depois de alguns raios e trovões, desaba um temporal, que rapidamente inunda a praça. O pátio da escola também é tomado pelo aguaceiro. Na sala de aula, Nilson e a turma correm para fechar as janelas. Alfredo bate na porta da sala da coordenadora e avisa que é melhor adiar um pouco a saída dos alunos, pois, além do pátio da escola, a praça está completamente alagada. Cristina vai saindo da sala e passa por Alfredo. Eles se cumprimentam com um sorriso e ela comenta:

— Nossa! Pra que tanta água, não é?

Alfredo vai saindo junto com Cristina, mas a diretora da escola o chama:

— Seu Alfredo, eu preciso falar com o senhor.

E Alfredo volta para dentro da sala.

22

Depois de almoçar na escola e dar um rolé para esperar a chuva passar e escoar, Giovana e Theo foram pra casa dela. Tinham um plano: pedir pra Alfredo conversar com Cristina para... para que, mesmo?

— Ô Theo, se ela não ouve você, que é o filho, vai ouvir meu pai, que ela mal conhece?

— Ah, ouvindo outro adulto eu acho que ela pode pensar melhor. Sabe, comigo tem esse problema, minha mãe sempre me olha como se eu fosse uma criança ainda.

— E você não é mais não? — provocou Giovana, rindo.

— Ei, você tá aprendendo com o meu irmão, é? Putz, vou ter que aturar dois piadistas agora.

— Mas você acha mesmo que a tua mãe, a doutora Cristina Fonseca, vai ouvir o seu Alfredo, porteiro da escola?

— Por falar nisso, cadê ele?

Theo e Giovana já estavam na sala da casa dela e ainda não tinham visto Alfredo por ali. O que Giovana achou foi um bilhete do pai sobre a mesa.

"Filha, abre a caixa de correio do teu computador. Mandei um e-mail pra você."

— Oba, até que enfim! Eu ensinei o papai a mexer no e-mail há um tempão, mas ele nunca quis. Parece que agora desencantou. Isso é um bom sinal — disse Giovana, enquanto abria o *notebook* e acessava a caixa de correio e o e-mail do pai.

23

From: Alfredo de Paula
Sent: Thursday, August, 12, 2013, 01:13 PM
To: Giovana de Paula
Subject: escola.

Oi, Filha,

Estou lutando aqui com este teclado, mas acho que vai dar tudo certo. Te escrevo porque, porque. Por que te escrevo? Bom, tenho um baita problema. Tenho vários problemas. O primeiro deles eu acho que é com as palavras, por isso eu resolvi escrever esse e-mail (é assim que chama, não é?) pra você, porque achei que no papel (se bem que isso aqui não é papel) a coisa ia mais fácil do que se eu tivesse que te contar. Embora eu seja um bom contador de histórias, não é? A vida é engraçada. Um bom contador de histórias que não consegue contar uma história pra sua filha.

Estou lutando aqui com essa história. Então lá vai. Sem muita introdução. Fui despedido da escola. Isso mesmo: despedido. A dona Ivone me chamou para dizer que muitos pais ficaram insatisfeitos com a minha participação na tua turma, contando a história da favela e defendendo, enfim, aquela história toda. Uma história comprida. Comprida demais.

Estou lutando aqui com tantas histórias. Elas são compridas, não acabam. Por que as histórias não acabam, minha filha? A história com a sua mãe, por exemplo. Eu nunca te contei, mas a gente estava num momento muito ruim, pensando em se separar, ou mais até, decididos mesmo a fazer isso, e tentando resolver como a gente seguia um sem o outro e como você ia ficar nisso tudo. E aí ela se sente mal de manhã, a gente vai até um hospital para ela fazer um examezinho qualquer de rotina e sair de lá com um analgésico pra coluna ou coisa assim e ela sai chorando de dentro da sala do médico, dizendo palavras sem sentido como metástase, cirurgia, quimioterapia, queda de cabelo, falta de apetite e finalmente seis meses de vida. Essa rede de palavras foi tomando sentido aos poucos e a gente também aos poucos foi tomando um outro sentido, eu e ela. Aqueles foram os seis meses mais duros de minha vida. E dela também, além de terem sido os últimos, é óbvio. Mas sabe que também foram felizes, de alguma maneira? De que maneira eu acho que ainda estou descobrindo e vou seguir assim até a hora de eu ir embora também. Tanta coisa a gente falou. E também tanta coisa a gente calou. Nunca se fala tudo. Mas esse não é o problema. O problema é quando a gente não fala nada, como eu não falei com você durante esses anos.

Eu estou lutando aqui comigo mesmo. Como é que um bom contador de histórias como eu não consegue contar duas ao mesmo tempo e se embola tanto? Bem, aquela mãe do teu amigo foi na escola, mas antes parece que ela conversou com vários outros pais da turma e conseguiu o apoio de um monte deles para ir na escola fazer um pedido. E o que ela foi pedir? A minha cabeça. E conseguiu. Depois de uma reunião com ela, dona Ivone me chamou, disse que sentia muitíssimo, disse que eu era fantástico, disse que funcionário como eu é dificílimo, disse isso e disse aquilo, até dizer que sentia muito, mas tinha que me mandar embora. E disse isso com os olhos cheios de lágrimas. Sabe que eu acho que ela sentia muito mesmo? Pelo menos ali naquela hora. Ou vai ver que eu sou um trouxa que não pode ver mulher chorar. Lembra da última festa de Natal que tua mãe fez, pouco antes? Ela já estava magrinha, magrinha, quase irreconhecível pra quem não a via há uns três meses. E a cada um que chegava, ela abria a porta com a recomendação: não quero ver choro aqui em casa hoje, hein? Bem, a Ivone não me recomendou nada, só disse que sentia muito.

Eu estou lutando aqui com você, embora você não esteja aqui. É, filha. Porque eu pensei: e agora, como vai ser? Ah, tudo bem, eu trabalho no Ateneu há muito tempo, mas não é a primeira vez que eu perco um emprego e vou ter que correr atrás de outro. Mas aí eu percebi que tem você, não é? Você estuda lá porque eu sou funcionário e eles te deram a gratuidade. Mas e agora? Vão te mandar embora junto comigo? Por minha causa você fica sem escola? É, eu acho que sim, filha. Por minha causa você vai ficar sem escola. É terrível. Eu achava que sua mãe tinha adoecido por minha causa. Como, eu nem sei. Mas durante muito tempo esse pensamento esteve na minha cabeça. Ou então no meu coração. E talvez ele ainda esteja. Tá certo que agora ele não está sozinho, tem muitos outros pensamentos lá dentro. Mas acho que ele ainda continua por lá, se escondendo pelos cantos. E agora, ele ainda tem mais um para encontrar. Você.

O que mais eu te digo? Eu estou lutando aqui, filha. Eu estou lutando.

Um beijo do teu pai,
Alfredo.

Giovana pensa no que fazer. E lembra de um poeta português chamado Fernando Pessoa, que ela conheceu na aula de literatura e que disse: "navegar é preciso / viver não é preciso". Ela precisa navegar até o pai. Mas onde se começa a navegar e se para de viver? E o quanto de navegação tem a própria vida?

Giovana não sabe as respostas, mas tem um sonho, embora tenha certeza que está acordada. Sonha que vai surfar a pororoca do Rio Amazonas e é engolida pelas suas águas, mas, mesmo submersa, ela segue surfando, entre peixes-boi e botos, entre iaras enfeitadas e perfumadas e índios alegres e ameaçadores que lhe acenam das margens distantes, e embora continue submersa, de repente percebe que são outras águas que a banham, são águas do Rio Nilo e ela atravessa nove países da África, nove fronteiras, nove línguas, nove acenos, e imagina quantos Egitos já existiram no Egito, todos banhados pelo Nilo, terá sido sempre o mesmo Nilo?, e em seguida e ainda e sempre por baixo d'água, ela desemboca no Mississipi, com suas barcaças, escritores contando histórias em suas margens e o blues de Nova Orleans ressoando em suas águas, e ela segue surfando até o Rio Paraná e pode sentir na corrente d'água a corrente elétrica que o rio vai gerar quando mergulhar em si mesmo, Itaipu abaixo, pode mesmo ver a luz sob a superfície da água, e depois do mergulho e sempre submersa, Giovana se vê em outras águas, são as do Rio Danúbio, que é ele mesmo fronteira, inventando geografias e histórias e humanidades por onde passa — Ulm, Viena, Bratislava, Budapeste, Belgrado, tantos nomes, tantas línguas, tantas águas — até desembocar no Mar Negro, mas ainda não é o mar o que sente a língua de Giovana, as águas continuam doces e ela navega no Volga, navegar ainda é preciso e viver é tão impreciso, "Volga, Volga, minha mãe", diz uma antiga canção russa para essas águas que sempre renascem e protegem e abarcam e mesmo quando congeladas no inverno ainda guardam a promessa de voltar, porque navegar continua sendo preciso, e Giovana segue sua viagem e já está no Ganges, que nasce no Himalaia e tem mais de dois quilômetros para aprender a descer e a aguar e desaguar, enquanto dá de sonhar aos homens em suas margens e de crescer e cair aos impérios que ali surgem e somem, até que ela reconhece na cor das águas o Rio Amarelo e a areia fina que lhe percorre e colore e batiza, o Amarelo, com seus diques e dinastias, Amarelo como a praia onde por fim Giovana se vê desaguar em mais uma onda.

24

(THEO CONTA:)

— A Giovana saiu de casa pra procurar o pai e eu fui junto. A gente rodou pela favela, entrando em quase todos os botecos que existem por lá. E ela sempre repetindo: pra que eu levei meu pai pra falar naquela maldita escola? A culpa é minha, minha. Num dos últimos botecos, encontramos seu Alfredo e a gente viu logo que ele tinha bebido um bocado. Tava quase dormindo em cima de uma mesa. Giovana ficou tentando conversar com o pai, mas eu disse pra ela desistir daquilo, não era hora de conversa, o melhor que a gente podia fazer era carregar seu Alfredo pra casa e tacar ele na cama. Foi o que fizemos. E em pouco tempo ele estava roncando. Agora o jeito era esperar. Esperar

(GIOVANA CONTA:)

— Eu não sabia o que fazer. Foi o Theo que me ajudou e nós acabamos enfiando meu pai na cama. Foi até mais fácil do que eu imaginei. O difícil vai ser depois, ele sem a bebida e eu com a culpa. Daí o Theo resolveu ir atrás da mãe. Eu disse que pra mim não dava. Com a raiva que eu tava, era capaz de estrangular aquela mulher. E como diria o Rafael, isso não ia fazer muito bem pra saúde dela. Ele foi sozinho, mas só conseguiu se aborrecer, mais nada. Mais tarde me disse que a mãe ficou o tempo todo como tava no almoço, carinhosa, chamando ele de "meu filhinho" e dizendo que não tinha culpa de nada, que não existiam culpados naquela história. E que agora o jeito era esperar.

pelo quê? — isso é que eu não sei.

Esperar pelo quê? — isso é que eu não sei.

A batalha naval

Nesta sexta-feira, muita gente acorda como que preparada para disputar uma batalha, uma grande batalha.

D3, E3, F3 — *pedaço de cruzador*

Às sete da manhã, Giovana sai de casa, mas não vai para a escola. Vai direto para a Associação de Pescadores e Moradores, conversar com o Serjão, com quem marcou um encontro na noite anterior. E ela vai logo dizendo que eles precisam agir juntos. A sua turma lá do Ateneu topou apoiar o pessoal da favela na luta para conseguir a estação de tratamento de esgoto. E eles estão todos dispostos a ir conversar com o tal do secretário de meio ambiente, que participou da passeata naquele domingo.

— A ideia é ótima — respondeu Serjão. — Mas vocês estão atrasados. Eu e uma comissão da Associação já temos um encontro marcado com o secretário. Só que é daqui a pouco, ao meio-dia. Não vai dar tempo prá vocês irem também, né?

Giovana fica pensativa e, de repente, se levanta quase de um pulo:

— Eu vou lá na escola agora, convocar a turma. — E já vai saindo. Só dá tempo de ouvir a pergunta de Serjão:

— Mas você vai lá assim?

Só que a pergunta fica sem resposta.

B5, B7, C6 — *pedaço de hidroavião*

No *Golden Saloon* do Espaço Vivência Térreo do Condomínio *Diador's Beach Tower*, Cristina mais uma vez discute com os membros da Comissão de Funcionamento. Eles não entendem sua proposta. Mas Cristina insiste que o Condomínio deve dividir a estação de tratamento de esgoto com a Favela do Peixe-Rei.

— Mas não foi você que defendeu exatamente o contrário não tem nem três semanas? — pergunta Hector Kandera, do apartamento 208, do Bloco Domingos da Guia, o Divino.

— Fui eu mesma. Essa é a grande vantagem do ser humano: reconhecer seus erros e mudar de opinião. E foram vocês que me ajudaram nisso. Vocês!

— Não sei, não. Quem vai bancar essa brincadeira toda? — agora é Sergio Alfonso de Souza, do apartamento 302, do Bloco Van Gogh, quem pergunta.

— Foi por isso que eu pedi a presença de vocês logo agora de manhã. Eu consegui uma reunião com o secretário de meio ambiente para a gente discutir esse assunto. Mas vocês são os representantes do condomínio. Eu não represento mais nada. Vocês têm que ir comigo.

— Tá, digamos que a gente tope. Mesmo assim, eu ainda não entendo por que agora a gente vai resolver gastar o dinheiro do condomínio nisso — diz Helena Dantas, do apartamento 1304, do Bloco Galileu Galilei.

— E quem disse que a gente vai gastar? — pergunta por fim Cristina, já guardando a sua papelada.

G2, G3, H2 — *água*

— Eu não estudo mais nessa espelunca! Vou pra praia, vou ser surfista, que é a melhor coisa que eu faço!

Giovana berra isso no meio da aula de química. Ela acaba de entrar na sala e de pedir licença à professora para falar com a turma. Está com aquelas roupas de neoprene que os surfistas usam e carrega sua prancha debaixo do braço, em vez da mochila com cadernos e livros.

— Não dou licença, não, Giovana.

— Muito obrigado, professora. Pessoal, é o seguinte, vai ter uma reunião com o secretário de meio ambiente agora ao meio-dia. É a hora da gente ir lá...

— Giovana! Eu não te dei licença pra falar. Vai pro seu lugar.

— Eu não tenho mais lugar aqui não, professora. Nem eu nem minha família. Meu pai foi despedido e eu vou ser mandada embora. Pessoal, eu estive com o Serjão, que é o presidente da Associação de Pescadores e Moradores da favela e ele está indo lá ao meio-dia falar com o tal secretário.

— Giovana, já falei que não te dei licença. Você está interrompendo a minha aula.

— E pretendo acabar com ela. Pessoal, a gente vai deixar isso passar em branco? Vamos lá! Essa reunião é nossa também!

Um reboliço se instala na sala. Mais da metade da turma se levanta e apoia Giovana. E vão todos para o corredor, em direção à saída. Theo se aproxima da amiga:

— Você vai largar a escola?

— Ainda não sei se eu vou largar a escola ou se a escola é que vai me largar, né?

Theo vai continuar a conversa, mas Giovana, ele e o grupo dão de cara com Ivone, a diretora, que vai logo interpelar do Giovana:

— Quem deixou você entrar na escola com essa roupa e essa prancha?

— Ninguém deixou, eu é que fui entrando. Se meu pai estivesse na portaria, eu não ia conseguir entrar assim. Mas você botou ele no olho da rua, foi ou não foi?

— Não foi bem assim. Eu...

Mas a voz de Ivone é logo suplantada pelo coro dos alunos.

— Queremos seu Alfredo! Queremos seu Alfredo!

Com o barulho e a confusão, outras aulas vão sendo interrompidas e mais e mais alunos aparecem no corredor e engrossam a turma que se prepara para ir encontrar com o secretário. Dentre eles surge Rafael, que, ao ver Giovana, pergunta:

— Oba! É greve na praia?

E4, E5 , E6 — *submarino*

No saguão da Secretaria de Meio Ambiente as secretárias estão atrapalhadas, sem saber o que fazer. De um lado,

Cristina e a Comissão de Funcionamento, com a ex-síndica explicando pela décima vez que tem uma reunião marcada com o secretário. De outro, Serjão e a Comissão da Favela do Peixe-Rei explicando pela décima vez que eles é que têm uma reunião marcada com o secretário. No meio, espalhados pelo saguão, Theo, Rafael e dezenas de estudantes, cantam, puxam corinhos, riem. E ainda tem aquela jovem com roupa de neoprene e prancha de *surf*.

— Ninguém pode entrar na secretaria nesses trajes! Ninguém! — diz uma das secretárias, a mais nervosa.

É no meio deste clima quente que surge o Brito, com dois seguranças, um de cada lado. São os mesmos seguranças que deram uma dura nele lá na passeata do Abraço à Lagoa de Diadorim. Serjão se aproxima.

— Oi, Brito, você também veio? O que houve, os caras tão querendo te tirar daqui?

— Não, Serjão, fica tranquilo. Se eles forem tirar alguém, vão tirar vocês. Eles estão é garantindo a minha segurança.

— Como assim? — perguntam Serjão, Cristina e as duas comissões.

— É que eu agora sou assessor do doutor Vilela. Fui eu que marquei a reunião com vocês no mesmo horário.

— Mas a reunião era conosco — reclama Cristina. Serjão tenta responder a ela, os estudantes fecham o cerco em torno das comissões, querendo participar também e se forma um princípio de tumulto. Brito sobe o tom de voz:

— Companheiros e companheiras, o doutor Vilela vai receber todo mundo. E, juntos, nós vamos acabar de uma vez por todas com o problema da poluição na Lagoa de Diadorim.

Uma parte da estudantada vibra, as comissões, Serjão e Cristina se calam e Brito, triunfante, vai abrindo caminho até o Auditório da Secretaria, seguido pelos seguranças, por Cristina e a Comissão de Funcionamento do Condomínio *Diador's Beach Tower*, Serjão e a Comissão de Pescadores e Moradores da Comunidade do Peixe-Rei, os estudantes do Colégio O Ateneu e aquela estranha jovem com roupa de neoprene e prancha de *surf*, que vai sendo barrada pelos seguranças mas acaba tendo a sua entrada garantida pelo Brito.

J3, J4, J5 — *pedaço de destroyer*

Ao entrar no auditório, o grupo constata que ele já está praticamente lotado. São moradores lá da favela, que chegaram mais cedo, nos ônibus que Brito fretou. Cada um se senta onde dá. Eles percebem também que há uma equipe de TV preparada para fazer uma reportagem, ou algo parecido. No palco, está a mesma repórter que cobriu o Abraço à Lagoa. Ela retoca o penteado, pergunta se a maquiagem está certinha. Seu assistente diz que sim, o câmera se prepara e dá o sinal de "gravando!". Ela encara a câmera e, com o microfone bem firme na mão, começa:

— Estamos falando diretamente da Secretaria de Meio Ambiente, onde o secretário, doutor Bastos Vilela, vai apresentar o Plano de Reambientalização do Parque Ecológico de Diadorim.

O doutor Vilela, desta vez de terno, entra, faz uma pausa como que esperando os aplausos, que não vêm, e senta-se numa poltrona. Na poltrona ao lado se instala a repórter. Entre as duas poltronas há uma bancada com um computador e atrás delas um telão para projeções. O doutor Vilela desta vez não precisa disputar o microfone com a repórter. Tem um microfone de lapela previamente colocado. E os dois começam a entrevista, enquanto imagens da lagoa e de toda a região se sucedem no telão:

— Doutor Vilela, o que vem a ser o Parque Ecológico do Diadorim?

— Bem, nosso compromisso é fortalecer a gestão ambiental desta cidade. E nela se destaca como um dos pontos de maior importância a solução da questão do que batizamos como Parque Ecológico do Diadorim, englobando a Lagoa de Diadorim, a Praia do Amarelo, a Comunidade do Peixe-Rei, o Condomínio *Diador's Beach Tower* e todo o entorno daquela região. Estudos realizados por especialistas levantaram os principais problemas, que envolvem não apenas as águas, a fauna e a flora da região, mas principalmente as comunidades que ali vivem. E foi pensando em todos os setores sociais da região que criamos o Plano de Reambientalização do Parque Ecológico de Diadorim.

— Mas as comunidades temem que este seja mais um plano bonito que não saia do papel — questiona a repórter. O doutor Vilela continua sua explanação:

— Desta vez não. Já temos um fundo que traz recursos do setor privado e já alocamos fundos do setor público, através de convênios e financiamentos feitos pelo BNDES.

— Oba! Dinheiro já tem! — cochicha Cristina para o pessoal do Condomínio. E o doutor Vilela prossegue:

— Mas, para a aplicação de recursos, é mais do que necessário, é fundamental, estudos aprofundados que mostrem as reais necessidades da região e de seus habitantes.

— E que necessidades são essas? — pergunta a repórter, seguindo o que mais parece um *script* ensaiado.

— Boa pergunta — afirma o doutor Vilela, como se estivesse surpreso com a perspicácia da repórter. — Segundo especialistas de renome mundial na questão do Meio Ambiente...

— Sou eu que não tô prestando atenção ou ele tá começando a embromar? — pergunta Rafael. Embromando ou não, o doutor Vilela vai adiante:

— As pesquisas desses estudiosos chegaram à conclusão que a grande causa da mortandade de peixes não é a poluição.

Essa afirmação é seguida de um murmúrio, que perpassa o auditório. Mas o doutor Vilela não se abala:

— Estudos indicam e comprovam que a mortandade é um fenômeno natural, causado pela acidez daquelas águas e que nunca será reduzido a zero ou a números insignificantes. Nem mesmo terá um controle muito amplo.

Ouve-se mais um murmúrio e Serjão se levanta e pede a palavra. Muito polidamente, o doutor Vilela não dá a palavra a Serjão, explicando que no final haverá tempo para democraticamente serem feitas todas as perguntas e os debates necessários.

— Que ótimo! — opina a repórter, emendando mais um pergunta: — E diante das conclusões destes estudos, o que o seu plano propõe?

— Bem, pra começar não podemos ignorar ou negar os fatos científicos comprovados nesses estudos. E como o principal objetivo é atender as comunidades que ali moram, e principalmente os setores de baixa renda, o Plano de Reambientalização do Parque Ecológico de Diadorim prevê a construção de um grande parque aquático e poli-esportivo para uso diário de toda a comunidade carente da região.

— É uma beleza! — opina mais uma vez a repórter. O doutor Vilela faz que não ouve e prossegue:

— A construção deste grande complexo incluirá a Comunidade do Peixe-Rei e o Condomínio *Diador's Beach Tower*.

E nessa altura Cristina cutuca seus parceiros de condomínio e esfrega as mãos, como quem diz: "olha a gente aí!". O doutor Vilela vai em frente:

— Dessa forma estaremos reconstruindo nossa cidade partida e criando futuros campeões em todos os esportes.

— Mas e a mortandade de peixes? — pergunta Serjão, sem esperar pelos debates finais. Mas Brito na mesma hora lhe devolve outra pergunta:

— Serjão, você tá a favor dos peixes e contra os nossos filhos?

E um murmúrio de apoio à pergunta de Brito corre o auditório. O doutor Vilela continua, impassível:

— O Plano de Reambientalização do Parque Ecológico de Diadorim vai criar as BSLs — Brigadas Sustentáveis de Limpeza, que, empregando mão de obra da comunidade, irão monitorar qualquer mortandade de peixes na lagoa, 24 horas por dia, 365 dias por ano. Desta forma estaremos agindo contra a mortandade e a favor das crianças, como destacou o doutor Brito.

Nessa hora, um dos seguranças cutuca Brito nas costelas, dizendo:

— Aí, Brito, já foi até promovido a doutor.

Brito sorri e a repórter retoma a palavra, para terminar a entrevista:

— Como o senhor definiria então esse plano?

Com uma pergunta boa como essa, o doutor Vilela encerra sua apresentação:

— O Plano de Reambientalização do Parque Ecológico de Diadorim será um instrumento de defesa da vida das pessoas e dos nossos ecossistemas. Conto com vocês para realizar este sonho antigo que agora virará realidade. Realidade!

O doutor Vilela se cala e faz mais uma pausa como que esperando os aplausos. E desta vez eles vêm, em grande quantidade. Quando eles diminuem é a deixa para a repórter concluir seu trabalho jornalístico. Empunhando firmemente o microfone ela afirma:

— É uma beleza!

25

GIOVANA NÃO VACILA E MEDITA

De repente eu me senti uma palhaça com aquela roupa e a minha prancha. Parecia que eu tava nua na frente daquela gente toda. Nem teve clima pra debate e pergunta depois daquele teatro. É, pra mim foi um teatro aquilo tudo. O Serjão disse que não, que tudo ali faz parte do jogo democrático. Tá, eu talvez seja uma jogadora iniciante nesse tal jogo, mas eu acho que ele tá cheio é de cartas marcadas. O Brito marcou com todo mundo no mesmo horário e levou aquela multidão pra apoiar o carinha lá. Vai me dizer que ele não armou isso? Mas o Serjão diz que é assim mesmo, a gente é que bancou o inocente. E que alguma coisa a gente

THEO MEDITA E NÃO VACILA

Dentre as civilizações que se formaram em torno dos grandes rios, estão os chineses e seu Rio Amarelo. Eles têm milhares de anos à margem do rio, criando sua história. Mas também não resolveram o problema da poluição no rio. Água, água, água. Setenta por cento do planeta. É tanta água. E é tão pouca água. A gente aqui na beira dessa pequena lagoa vai vivendo o mesmo problema dos chineses, dos indianos, dos europeus, dos africanos. Da humanidade inteira. A água que tem no planeta é uma só. Se a gente não aprender a usar, o que vai ser? Concordo um pouco com o Serjão, a gente tá tentando aprender. Mas também concordo com conseguiu, afinal. A favela não vai ser removida e vai ganhar um parque esportivo. É um começo, o negócio é não desistir. Continuar lutando. É, pode ser. Mas eu não sei. O que eu sei é que a gente vai continuar jogando esgoto na lagoa e matando peixe.

Eu falei isso tudo pro Theo lá na beira da lagoa. A gente saiu da secretaria e resolveu ir até lá, dar uma arejada nas ideias. Ele concordou comigo. Mas sei lá, parecia até que não tava prestando muita atenção no que eu dizia.

a Giovana, me senti meio palhaço lá naquela secretaria. E com parque aquático e brigada pra peixe morto e o que for, o que eu sei é que a gente vai continuar jogando esgoto na lagoa e matando peixe.

Eu falei isso tudo pra Giovana lá na beira da lagoa. A gente saiu da secretaria e resolveu ir até lá, dar uma arejada nas ideias. Ela concordou comigo. Mas sei lá, parecia até que não tava prestando muita atenção no que eu dizia.

— Você nem parece que tá me ouvindo, Theo.

— Engraçado, sabe que eu ia dizer a mesma coisa pra você?

— Bom, na verdade tem um monte de coisas passando na minha cabeça. Nessas últimas semanas a minha vida virou de cabeça pra baixo.

— É, a minha também. De cabeça pra baixo. E pra todo lado que eu olho, as coisas não são mais iguais. Mas tem um lance.

— O quê?

— É que nessas coisas todas que estão de cabeça pra baixo, tem sempre você.

— É, nas minhas coisas também. Tá sempre você nessas últimas semanas. Desde aquela briga nossa.

— Foi. E, gozado, a gente tava brigando por água, lembra?

— Ah, é! A gente ficou disputando a garrafa, não foi?

— E depois a gente acabou se juntando pra brigar por outras águas.

— É. A gente se juntou.

— Foi bom, né?

Ninguém disse mais nada. Eles se olharam, se abraçaram e se beijaram. Depois saíram andando abraçados pela beira da lagoa. Não falavam mais nada. De vez em quando paravam e se beijavam. Até ficar tudo de cabeça pra baixo.

Depois de um dos muitos beijos pela beira da lagoa, repararam que havia alguém observando eles. Olharam com atenção e viram quem era.

Alfredo.

Ele se aproximou do casal.

— Vocês me desculpem, eu tô até um pouco sem graça.

— É, acho que a gente também ficou — respondeu Giovana.

— Não, eu não estou falando de vocês dois, é, se beijando, não. Isso eu até gostei. Tô falando é da minha bebedeira. Dei um trabalhão pra vocês, né?

— Que nada, seu Alfredo. O senhor foi direto pra cama. Não reclamou nem tentou resistir — disse Theo, rindo.

— É, pelo menos não faço o bêbado chato. Olha, pra compensar a bebedeira de ontem, que tal uns peixinhos fritos? — E Alfredo mostrou o isopor cheio de peixes que ele havia acabado de pegar na lagoa.

— Grande ideia. Tô morrendo de fome, pai.

— Vamos nessa.

Os três foram para a casa de Alfredo fritar peixe, conversar fiado e ver a tarde passar. Alfredo contou que ia tentar emprego de porteiro em outras escolas. Ia falar com vários professores lá do Ateneu. Ele gostou de trabalhar em escola. Já Giovana falou que ainda não sabia o que ia fazer. Vários colegas da turma falaram que iam fazer um abaixo-assinado, caso a escola resolvesse tentar colocá-la pra fora. Mas ela estava pensando seriamente em voltar pro *surf*. Depois deram de falar de amenidades, de como aquela tarde estava bonita, com o sol se pondo lá pros lados da Praia do Amarelo. Foi nessa hora que viram Rafael subindo a ladeira.

— Ei, não adianta esconder que eu já descobri tudo. Também quero peixe!

Eles se cumprimentaram, comeram mais peixe, falaram mais abobrinhas e lá pelas tantas Rafael mostrou aos três seu novo vídeo no You Tube. Desta vez a dupla Zé Goteira e Ruim da Telha cantava o *Rap* do Esgoto que não se Esgota.

Se liga, mano!
Se liga, mano!

É esgoto pra todo lado
E eu acabo esgotado
É o esgoto que não se esgota
Ou eu que sou idiota?

Se liga, mano,
Esgoto é o maior engano
Ele corre pela rua
E eu que entro pelo cano
Se liga, mano!
Se liga, mano!

O esgoto já dá doença
O esgoto já dá mau cheiro
Ou o esgoto já dá piscina
O esgoto já dá dinheiro?

Se liga, mano,
Esgoto é o maior engano
Ele corre pela rua
E eu que entro pelo cano
Se liga, mano!
Se liga, mano!

26

Bem, como eu falei lá no começo, vim aqui contar uma história sobre a água. Também falei que não era só isso. Sendo um livro sobre a água, ele não poderia deixar de ser um livro sobre a Terra. E sendo um livro sobre a Terra, não poderia deixar de falar de nós, seres humanos. Pelo menos de alguns deles.

Talvez você se pergunte como eu sei tanto sobre os seres humanos que apareceram aqui nessa história. Posso te dizer que eu sou um escritor. E escritores adoram inventar histórias. Afinal, se não fizerem isso, não são escritores. Mas a verdade é que tem mais uma coisa que eu ainda não contei.

Não contei que eu sou um desses personagens. Isso mesmo. O Theo. E estou contando essa história que se passou há 12 anos, porque ela me ajudou a decidir a vida. A partir daqueles dias eu resolvi duas coisas: escrever e estudar biologia. Hoje tenho duas profissões: escritor e biólogo. E descobri que nem sou o primeiro. Tem um moçambicano chamado Mia Couto que também é escritor e biólogo. E como escreve bem o cara! Ah! Um dos meus trabalhos é lá na Lagoa de Diadorim, com pesca sustentável e reflorestamento do manguezal.

Aquele projeto do Parque Aquático foi adiante, deu dinheiro e voto pra algumas pessoas e em três anos estava tudo caindo aos pedaços e esquecido. Só oito anos depois a Associação lá da favela conseguiu colocar rede de esgoto com tratamento em todo o morro.

Mas não foi só a minha vida que se definiu naqueles dias. A da Giovana também. A gente namorou por um tempo, mas ela resolveu seguir o *surf* e saiu pelo mundo. E foi uma ótima escolha. Rodou o planeta pegando onda e há quatro anos foi campeã mundial, vencendo o campeonato feminino em *Bells Beach*, uma praia da Austrália. De lá ela me mandou uma miniatura de um sino. É que, nessa praia, o troféu tem um sino, que o vencedor toca. E Giovana tocou o sino. Quando não está viajando pelas praias do mundo, ela vive em Florianópolis, onde tem uma escola de *surf* e uma oficina para fazer pranchas.

Seu Alfredo seguiu a filha. É porteiro de uma escola lá em Florianópolis e sua única reclamação sobre as viagens sem fim de Giovana é: "assim como é que ela vai conseguir engravidar e me dar um neto?" Enquanto espera, seu Alfredo agora pesca na Lagoa do Peri, lá em Floripa.

Meu irmão Rafael seguiu o conselho de nossa mãe e é humorista. Ele viaja pelo Brasil todo com espetáculos de *stand up comedy*, que é um ator sozinho num palco, fazendo humor com a sua própria vida e com o mundo ao redor. Nossa mãe é seu alvo predileto de piadas. E ela sempre que pode está na plateia morrendo de rir.

Aliás, minha mãe ainda foi síndica lá do Condomínio *Diador's Beach Tower* mais três vezes. Tem muita gente que gosta da administração dela. Mas também tem muita gente que desconfia. Nas três vezes as contas dela foram parar na Justiça. Ela continuou a ser mais risonha e feliz e até se casou de novo.

E você, depois de ler essa história? Você pensa que água é H_2O?

Será?

Bem, enquanto a gente pensa sobre isso, eu deixo pra você uma última coisa que eu escrevi. É sobre esse nosso planeta. E portanto, é sobre a gente.

Uma vez, uma pedra

Era uma vez uma pedra. Quem olhava assim, de relance, para aquela pedra largada ali não dava nada por ela. Só uma pedra, talvez boa pra chutar, ou nem isso. Mas quem chegasse mais perto podia reparar que não era uma pedra tão comum assim. Tinha alguma coisa diferente das outras pedras. Talvez fossem algumas marcas, talvez algumas reentrâncias engraçadas, umas cores esmaecidas que ficavam como que agarradas na superfície irregular dela... De um jeito ou de outro, a tal da pedra parecia diferente.

E era mesmo. Tinha uma coisa que nenhuma outra pedra tinha.

A pedra tinha história, passado. E quem conseguisse desvendar o passado daquela pedra, mergulhar na sua história, iria descobrir que naqueles tons esmaecidos já havia brilhado a cor azul e que na pedra já haviam existido imensas massas de água salgada aonde corredeiras de água doce vinham repartir suas lembranças de cortar montanhas que expeliam lavas e magma em direção aos céus onde explodia um sol e raios e nuvens que choviam sobre planícies e vales e cânions e florestas de plantas e insetos e aves e peixes e outros milhões de seres vivos.

Isso mesmo: seres vivos! Naquela pedra. E dentre esses seres vivos havia os mamíferos e dentre os mamíferos havia os primatas e dentre os primatas havia um que se pôs de pé, que opôs seu polegar aos outros dedos da mão e que pensou e construiu uma civilização onde dominou primatas e mamíferos e outros milhões de seres vivos como peixes e aves e insetos e florestas de plantas e cânions e vales e planícies e nuvens e raios e um sol e céus e magma e lavas e montanhas e corredeiras de água doce e imensas massas de água salgada e até mesmo os outros primatas que, como ele, também haviam se posto de pé e oposto seu polegar aos outros dedos da mão e construído civilizações que também dominavam. E cada civilização de cada primata de pé e com seu polegar opositor disputou quem dominava mais ao outro primata até que por fim não sobrou pedra sobre pedra de tudo que existia nessa pedra para aquele primata dominar.

E a pedra perdeu seu encanto, perdeu sua história.

Hoje é só essa pedra, sem azul, sem água, sem aves, sem polegar opositor, sem ninguém, sem nome, sem nada.

((((COLEÇÃO ECOAR))))

Leia também:

A revolta da sucata
Laura Bergallo

O tesouro na sombra da árvore
Henrique Rodrigues

Última chamada
Cris Amorim

O segredo das borboletas
Flávia Côrtes

A revolta das bicicletas e outras histórias
Cristovam Buarque

Chapa verde
Alexandre de Castro Gomes

www.garamond.com.br

Copyright © Cesar Cardoso, 2013

Direitos reservados para esta edição
EDITORA GARAMOND LTDA
Rua Cândido de Oliveira, 43 — Rio Comprido
20261-115 — Rio de Janeiro, RJ, Brasil
Tel/fax: (21) 2504-9211
www.garamond.com.br
editora@garamond.com.br

Coleção "Ecoar"
Projeto e coordenação: Cris Amorim
Projeto gráfico, capa, ilustrações: Lorena Kaz
Editoração: Estúdio Garamond · Anderson Leal
Revisão: Ana Letícia Leal

CIP-BRASIL. CATALOGAÇÃO-NA-FONTE
SINDICATO NACIONAL DOS EDITORES DE LIVROS, RJ

C261v
Cardoso, Cesar
Você pensa que água é H2O? / Cesar Cardoso ; ilustrações Lorena Kaz. – 1. ed. – Rio de Janeiro : Garamond, 2013.
142 p. ; 21 cm. (Ecoar)
ISBN 978-85-7617-305-2
1. 1. Ficção infantojuvenil brasileira. I. Kaz, Lorena. II. Título. III. Série.
13-06088   CDD: 028.5
CDU: 087.5
11/10/2013   14/10/2013

Todos os direitos reservados. A reprodução não autorizada desta publicação, por qualquer meio, seja total ou parcial, constitui violação da Lei nº 9.610/98.

Livro composto em Chaparral Pro (texto) sobre papel ofsete 90 g/m², impresso na primavera de 2013 pela Psi7 de São Paulo.